稲葉継陽

歴史にいまを読む

—熊本・永青文庫からの発信—

熊日新書

まえがき ――「歴史にいまを読む」ということ――

歴史学という専門の学問の道に分け入ってからおよそ三〇年になる。

この間、日本社会は大きな変貌を遂げた。グローバル化とともに推進された雇用形態・商業金融活動・開発などに関する規制緩和政策は、急速な少子高齢化や地方社会の衰退をまねいた。資本のモラルなき活動と私たち自身の消費依存は、環境危機を急速に深刻化させている。それにつれて地域住民と国土を痛めつける気象災害が激増し、巨大地震も活動期に突入してしまった。そして、政治・行政はあきれ返るほどの劣化ぶりを示し、そのことに無関心な私たち主権者の民主主義の担い手としての力量も、著しく低下しているようにみえる。

私たちが民主制的な価値に基づく世界観を放棄せず、その価値の実現に向けた姿勢を維持しようとするのなら、右にあげたような社会の変化の意味を理解する意思をもつことが必要となる。だが、直近数十年間の変化の過程だけを眺めていたのでは、真の意味を理解することなどできない。私たちは、「いま」をもっと長期の歴史的な脈絡の中に位置付けることによって、はじめて、自分自身が生きる時代・社会の特質を認識する地平に立つことが可能となるだろう。「歴史にいまを読む」という書名には、このような「歴史」と「いま」との関係性が込められている。

歴史学とは、決して〝調べ学習〟ではなく、私たちがより良く生きるための〝社会認識の学〟なのである。この五年間ほど、俳誌『阿蘇』と『熊本日日新聞』という熊本の二つのメディアで永青文庫資料の研究を基礎にした連載を担当し、後者には時節のテーマで寄稿する機会にも恵まれたが、歴史学の基本的なスタンスに基づいたメッセージを読者に届けようという意思をもって、折々の執筆に取り組んできたつもりである。そうして発表した六六の短い文章によって構成されたのが、本書である。

「歴史はいまとつながっている」という決まり文句の意味は、こういうことだったのか！　読者のみなさんが、そんな気づきのチャンスを本書の中に一つか二つずつでも見つけてくれたなら、著者としてそれに過ぎる幸せはないと思っている。

二〇一九年一二月　熊本龍南の研究室にて

稲葉　継陽

歴史にいまを読む——目次

第二部　歴史にいまを読む

本書の構成は、俳誌『阿蘇』に連載した「永青文庫歴史万華鏡」（二〇一五年五月～二〇一九年九月）、『熊本日日新聞』連載の「くまにち論壇」（二〇一六年五月～二〇一九年三月）に、同紙への寄稿を加えて、再編集したものです。

第一部

永青文庫歴史万華鏡

一　歴史と故郷

故郷から永青文庫研究へ

俳誌『阿蘇』（岩岡中正主宰）にいわば研究余滴を連載することとなった。まずは読者のみなさんに自己紹介をしよう。

私が熊本大学文学部に着任したのは二〇〇〇年の春。生まれは一九六七年（昭和四二）、栃木県宇都宮市郊外の農村である。栃木は、『阿蘇』にエッセー「日々好日」を連載しておられる磯あけみさんと同郷である。知人に連れられて初めて訪れた熊本市内の喫茶「カリガリ」で、店主の磯さんの漬物を口に入れたとき、「あっ、母ちゃんのと同じ味だ」と感じたのには、ほっとした。だが、磯さんの他には、熊本で同郷人に出くわしたことはない。

着任前までは、東京の私大で奨学金をもらって、中世後期から近世初期（一五〜

一七世紀）の社会史研究に没頭していた。熊本はおろか、九州にさえ来たことがなかったが、大学業界は公募制。食い扶持のためには、どこにでも応募しないと職にありつけない。こうして、縁もゆかりもない熊大に拾っていただくことになったわけである。

着任後は、それまでの自分の研究を継続しながらも、熊大附属図書館に寄託されている数万点にも及ぶ「永青文庫細川家文書」の存在が気にはなっていた。しかし、これは江戸時代の古文書等が主だから、自分の専門とも少々ズレているし、他に適任者もいる。興味のわく史料だけを追々読んでみようか。最初はその程度であった。

二〇〇八年、転機が訪れた。熊本県庁に基金が設けられ、その資金が熊大にも配分されて、細川家文書の基礎研究を推進することが決まった。「文学部附属永青文庫研究センター」の設置であった。

このとき、はからずもこのセンターの専任教員、副センター長を務めることとなった。当時の事情は、二〇一五年二月に日本テレビ系列で放送された「くりぃむしちゅーの歴史新発見」で再現されていたとおりである。ちなみに、この番組で戸田恵子さんが演じていた同僚の後藤典子さんは、『阿蘇』事務局の校正スタッフでもある。

小倉城本丸の梨の木

「梨園《りえん》」という言葉がある。手元の辞書を引くと、「俳優の社会、特に歌舞伎役者の世界、役者」とある。その昔、唐の玄宗皇帝が梨の木のある園で自ら舞楽を教えたという故事に由来するそうだ。かく言う私自身も、かつては「梨園のプリンス」だった。ただし、梨畑という意味での「梨園」だが。

私の実家は栃木県の旧陸軍飛行場跡地に戦後開拓団の一員として入植した専業の果樹農家だった。祖父が開拓し、私が物心ついた頃には、一町二反の梨園を父が経営するようになっていた。住居と梨園は一体だったから、私は来る日も来る日も父母が畑仕事に精を出すのを見ながら育った。これが人格形成に大きく影響したと自己分析している。お百姓の鑑のような父母と梨園に育ててもらい、大学に行かせてもらった。感謝しないわけにはいかない。

どうして梨園のことを書くのかといえば、つい先日、永青文庫細川家文書の中から、職場のスタッフがこんな書状を見つけて教えてくれたからだ。

小倉城の天守の下にある青梨が色よく実ったので、収穫して大坂に送ります。七一個送りますので、殿様に進上してください。

寛永三年（一六二六）八月八日、小倉時代の細川家の奉行が、当主細川忠利の滞在する大坂屋敷の奉行に宛てて書いたものである。当時の大名家は、お国自慢の産物を競うように江戸や上方に送らせ、将軍、幕閣そして大名仲間への贈答品に用いた。しかし、居城内のしかも天守の下の梨の実というのは、じつに珍しい。

我が梨園でも早生から奥手まで、多くの品種を栽培していた。現代の梨の品種は肌色の青い「二十世紀」系の「青梨」と、茶色い「幸水」系の「赤梨」とに大別される。もちろんすべて明治以降の発見や交配によって定着した品種だが、小倉城にあったのは、いわば青梨の原種に近いものか。香りは？　味は？　大きさは？　興味は尽きない。

しかし不思議なことに、私の頭の中にはこんな光景ばかりが浮かんでくるのだ――春の真っ白な梨の花。ミツバチを使った受粉。初夏の摘果作業。真夏の水やり。お盆から一〇月半ばまで続く収穫作業。梨園の発する独特の甘い香りに誘われて飛んでくるカブト虫。真夏の夜の梨園での肝だめし――父や母の笑顔。我が梨園は父の死去とともに、二〇年前に廃業してしまったが、私がまだ鼻水たらしていた頃、父も母も若く、わき目も振らずに働いていた。疑ったり誤魔化したりはどこにもなかった。何もかもが、いまより明るく見えたような気がする。あの頃は、みんな幸せだった。しかし、それもいまや「歴史」となった。

青梨の書状を見て、こんなことばかり思ってしまう自分が意外であった。果てしなきノルマと不条理に充満《みちみ》ちた現実に少々疲れている。ふと、そんな自分に気がついた。

江戸時代初期の高齢化問題

二〇一七年の師走は栃木県宇都宮市近郊の実家に帰省した。毎年冬休みは熊本にいて原稿を書いていることも多いので、久しぶりに実家でゆっくりしたいと思ってはいたが、日頃母のことでいろいろとお世話になっている親戚と会ったりして、普段より疲れたというのが実感である。

それにしても、母も含めて七〇代半ばに達した親戚たちに接してみると、さすがにみんな「年を取った」と思う。幸い母の兄弟三人は近所に住むが、いずれも母と同じ老人独居か老夫婦のみの世帯。お互い助け合いながら暮らしている。私も含めて、子どもたちは遠く離れて働いている。こんな現実に直面しながら、私は、江戸時代初期のある歴史資料のことをぼんやりと思い出していた。

徳冨蘇峰・蘆花を輩出した徳冨家は、江戸時代に葦北郡津奈木手永《てなが》(ほぼ現在の葦北郡津奈木町に相当する行政区)の惣庄屋を務めた家柄であった。そのため徳冨家には、津奈木の地域行政に関する歴史資料(古文書など)が数多く伝えられている。その中に、寛永一三年(一六三六)六月二九日に葦北郡津奈木村の庄屋五名が作成し、惣庄屋の徳冨を通じて葦北郡奉行に提出した「葦北郡津奈木村飢死ニ及申百姓御帳」という帳簿の控えが含まれている(『芦北郡史料叢書 第五集 徳冨家文書(一)』)。

この年は、熊本藩主細川忠利が六月一八日付の手紙に、「肥後では春中ずっと雨が続いたために、作物は何もかも腐ってしまい、百姓の疲弊ぶりは並大抵のことではありません」(永青文庫細川家文書)と書いていたほどで(本書一五七~八頁も参照)、葦北でも飢饉状況になった。徳冨家の帳簿は、長雨で麦が根腐れするなどして餓死寸前の状態に陥った津奈木村の百姓五八世帯、男女二六三人の状態を調査報告して、細川家に食料の給与を要求したものである。

津奈木村の庄屋たちは、こんな調子で世帯ごとの状態を説明している。

家内六人　自身　年四十七　七郎右衛門尉
　女房　息子年八　娘同四　叔父同七十三　叔母同七十二

この百姓は麦が腐ってしまい、家内に役に立つ者がいないため、自身一人で山で蕨の根やすみれを掘り、食いつないでいますが、もはや精が尽きて飢死寸前です。

江戸時代初期の飢饉のすさまじさをまざまざと語っているのだが、私が特に注目したのは、餓死寸前とされる全五八世帯のうちに、当主が七〇歳以上の世帯がじつに一〇件も含まれていることだ。一例を示そう。

家内二人　自身　年七十五　忠左衛門尉
　女房

右の者は食料が底をついて、今日まですみれで食いつないできましたが、年寄なので蕨の根を掘ることもできず、もはや草臥《くたび》れて死んでしまうのは明白です。

子どもを村の外に奉公に出し、細々と田畑を耕して暮らしている老夫婦世帯が、厳しい飢えにさらされたのであった。この時代の老人世帯率は思いのほか高い。いわば江戸時代初期の高齢化問題である。いまから三八〇年前、日本の村社会と都市の創成期から、この時代なりの理由による老人世帯の増加傾向がみられたのである。ある意味、これは超歴史的な問題なのだ。

だが大事な点は、庄屋の地位にある地域リーダーたちが、年貢や村仕事を分担してコミュニティーに奉仕する中核的な百姓世帯だけではなく、高齢者世帯までをも救済の対象に挙げて、熊本藩細川家に食料給与を要求していたことだ。福祉行政のはしりだといっても過言ではないが、それは住民どうしが生活状況を相互に把握し、藩に提出する資料を作成するといった、地域自治活動を基盤にしてこそ実現されるものであった。こうした自治が展開可能なエリア（手永）は、ほぼ平成大合併前の町や村程度の規模だった。

当然のことながら、江戸時代と現在とでは地域社会のあり方は大きく変化している。

地域のあらゆる問題に主体的に取り組んできた私たちの先祖の歴史を、地域の「これから」を見据えるために、どう活かすことができるのか。歴史学にとっての大きなテーマである。

モグラの正月

二〇一八年の年末から年始は故郷栃木に帰省せず、熊本で一人過ごした。一一月に母の喜寿のお祝いの会を開いたということもあって、年末の里帰りは見送り、何年かぶりに完全フリーの身とあいなったのだ。

自由だといっても、のんびりしていたわけではない。一二月二九日から正月六日まで、ずっと原稿を書く生活であった。朝八時頃に起きて、大学の自分の研究室まで三〇分ほど歩く。普段より一時間半は遅い朝だ。休業日でも研究室が使えるのは、大学教員のほとんど唯一の役得である。そう、四年生たちも学生研究室で卒論の執筆に没頭している。そんな時期である。

毎日深夜まで論文の執筆に集中できる。誰もやって来ない。電話も鳴らない。Eメールも来ない。おまけに酒房も開いていない。まともに人と会わず、喋らなくても平気である。そのかわり、歴史資料の中にいる人々とのコミュニケーションを成り立たせるために、最大限の努力を払う。三日目には、頭から首にかけて鈍痛が生じる。それでも、のめり込んでいく。

そうやって、年を越した。毎日誰にも知られず仕事場と寝床との間の決まった道を行き来する。まるでモグラの正月だ。

没頭していたのは、一六三七～三八年の島原・天草一揆の後の、地域復興の話である。一揆が籠城した南島原の原城を攻めた熊本藩主細川忠利の手紙（永青文庫）によると、原城が落ちたとき、恐ろしいことに三万七〇〇〇人ものキリシタン住民が亡くなった。これによって、島原・天草では人口が激減し、一面に荒地が広がる状況になり、一揆の後、容易には復興できなかった。

このとき、一揆後に島原藩主に起用された高力《こうりき》忠房は思い切った手に出た。島原領に移住して荒れ地を再開発する百姓には「作取《さくどり》」の特権を与え、「種米・夫食《ふじき》」を貸与するというのである。「作取」とは年貢の全免除で、収穫はすべて百姓の物となる。「種米・夫食」とは作付けのための種籾と百姓の食料となる雑穀のこと。移住百姓を優遇する破格の条件提示である。

すると、島原領に隣接する大村藩の領内から、大勢の百姓家族が移住を始めた。この時期は、連年の異常気象と藩の政治のまずさに起因する「寛永の大飢饉」の最中でもあった。大村藩の状況もひどかったようで、百姓たちは自村を出て、島原の新天地へとじつに男女一六〇〇人もが越境したという。困ったのは大村藩主の大村純信だ。これでは藩が潰れてしまう。純信は高力家に百姓らの返還を申し入れるが、交渉は不調に終わった。たまりかねた大村藩は幕府に提訴した。ところが幕府の判断は、じつに百姓の移住を一定程度追認する内容であった。江戸時代はじめの百姓身分には、鎌倉時代以来の「去留《きょりゅう》（移住）の自由」の原則が、本源的権利として脈々と引き継がれていたのだ（本書五〇～五四頁も参照）。

＊　　＊　　＊

大晦日の夜にここまで書いたとき、さすがに少々里心がついたのか、私はかつて栃木の実家の座敷に掛けてあった一枚の賞状のことを思い出していた。昭和三〇年代に当時の栃木県知事から祖父が拝受したもので、「栃木県農業者コンクール 開拓部門優賞」とあった。

私の実家は戦後に栃木県内の旧陸軍飛行場跡地に開拓団の一員として入植したのが始まりだった。祖父は旧陸軍の将校だったが、復員して食うや食わずの生活のなか、開拓団に加わったのだ。それこそ滑走路の舗装を剥がすところから、人力で開拓したという。養鶏と果樹栽培とを組み合わせた経営を何とか軌道に乗せるまでの苦労話、貧乏話は、子どもの頃にたくさん聞かされた。私の父も最期までどんなボロを着ていても気にしない人だった。入植後の一定年限は納税免除、行政からは優遇的融資も受けたそうだ——そう、これは島原領への入植条件とまるで同じではないか！

自分が島原の戦後復興の論文に正月返上でのめり込む理由に行き当たった気がした。一七世紀と二〇世紀、ともに戦争から平和への大転換の時代に、荒れ果てた入植地が平和と繁栄へのフロンティアたらんことを信じて、ひたすらに鍬を入れ続けた人々。その歴史は、確実に自分自身とつながっている。

そうした観点から、つまり生活者の歴史の過去、現在、未来へとわたる過程を自覚的に追究することから、グローバリゼーション＝新自由主義による社会の共同性の破壊に抗する発信を続けていきたい。土に生かされたモグラの子ならではの、正月の決意だと思っている。

先祖の由緒と事実との間

永青文庫研究センターを担当するようになって驚いたのは、市民の方々から先祖調べの相談電話等が頻繁に寄せられることだ。その多くは、「私の先祖は細川家に仕えていました。永青文庫には先祖のことを書いた古文書があるはずだから探してほしい」、というもの。一口で「永青文庫」といっても、二八八万枚もの文書がある。簡単に探せるわけではない。一人の要望に応えたら、みんなに平等に応えねばならない。それでは本務が成り立たないので、平等にお断りし、自分でできる調べ方を紹介することにしている。

それにしても、シニア世代の方々の先祖の歴史への興味関心は極めて高い。NHKにも著名人の先祖を調べるテレビ番組があり、人気を博しているという。先日は、文化財関係のある委員会に出席した折、専門を異にする同僚委員から、「細川忠興の書状は珍しいものですか?」と、唐突に尋ねられた。私より一五歳は年長の方だが、やはり熊本藩士のご子孫で、ご自宅に忠興の書状があるので一度見てほしいとのことであった。熊本藩細川家には九〇〇人もの知行取がいた。多くのご子孫が、先祖の姿に思いを馳せているのだ。

熊本藩士のご子孫が先祖に興味を持つのは理解できるが、私自身は、祖母の実家に伝わっている話を聞いてからというもの、先祖調べには殆ど関心がなくなった。

私の実家は栃木県(旧下野国《しもつけのくに》)にあるが、祖母(明治四〇年代生まれ)の生家はかつての下野国都賀《つが》郡田谷《たや》村という在所の草分け百姓で、近代の豪農であった。祖母は栃木県女子師範学校を出て教員になったし、その弟には東京商科大学(現一橋大学)に入った秀才もいた。この時代に栃木のド田舎にあって、子女にあまねく高等教育を受けさせることができたのだから、とにかく羽振りは良かったようだ。それで、私の大叔父にあたるその秀才が、商大時代に先祖調べをして、驚くべき結論に達したというのである。

　わが家の先祖は弓削道鏡《ゆげのどうきょう》！　奈良時代に女帝孝謙天皇の寵愛をうけて皇位簒奪に及ばんとするも失脚し、下野国薬師寺に左遷されてその地に没した、あの道鏡である。どんな日本史の教科書にも出てくる有名人だが、彼は遠く八世紀の人物。下野薬師寺は田谷村と同じ都賀郡内にあるとはいえ、実証は絶対に不可能である。仮説だとしても、当時のトップエリートたる商大生のそれとしては、あまりにお粗末だ。

　この話を聞いて以来、私は先祖調べに興味を失ったのである。それどころか、永青文庫に厖大に伝えられている細川家臣たちの由緒書に、わが先祖は室町時代の有名な○○氏で、××合戦で活躍した△△という武将だ、といった記述があるのを目にすると、途端に「あぁ、作ってるなぁ」という思いが生じて、信用できなくなってしまう。戦国のドサクサに紛れて大名にまで成り上がった山賊まがいの侍もたくさんいたのが実態だからだ。

　しかし、視点を変えて、どうして先祖が由緒を創出せねばならなかったのか、その理由を考えてみよう。新しく領主階級へと上昇した名もなき武士たちにとって、百戦錬磨の民衆を支配する正統性として、中世武家社会の成立期にまでさかのぼる由緒が必要とされたのではないか。かたや、私の大叔父の学生時代は昭和初期の大恐慌の時期にあたる。祖母の生家もその影響を受けて、地主経営の動揺とともに地域社会のうちでの名士としての地位も不安定化し、それが由緒調べ＝由緒創出の契機になったのではなかろうか。

そうした観点から旧都賀郡一帯を眺めてみると、道鏡が左遷された薬師寺の近辺に「大領《だいりょう》」という地名があるのが目を引く。大領とは律令制の地方官職制度で郡司職を意味するから、ここに実際に都賀郡司の本拠（直轄領）があったことを示す地名だと解釈できる。面白いのは、この大領に「孝謙天皇神社」という小さな社があることだ。道鏡にメロメロになった孝謙天皇が彼を追って薬師寺に来て、この地で没したという伝承があり、その霊を祀る神社として地元の氏子たちに信仰されている。

故郷都賀郡の孝謙天皇伝説は、道鏡来住の事実に基づいた地域のアイデンティティーの一つとして、江戸時代の後半に創出され、この神社や他の関連史跡が整備されたと考えられる。それには北関東農村の荒廃や国学の隆盛という当時の社会状況が影響を与えたものと推察される。そして大叔父の先祖調べも、そうして形成されていた地域像に便乗したものだったに違いない。

創出される由緒と事実との間にこそ、その時代の本質につながる歴史が潜んでいるのである。

恩師訪問記

七月半ばの暑い日、私は神奈川県内で静養されている大学時代の恩師藤木久志氏を訪ねた。刊行されたばかりの小著『細川忠利　ポスト戦国世代の国づくり』（吉川弘文館、二〇一八年）を直接お渡しするためである。

先生との出会いは一九八八年四月、東京にある母校の研究室だった。ちょうど三〇年前のことだ。当時の先生は、戦国史研究の第一人者として学界でも格別の存在感を放ち、キャリアの頂点に立っておられた。その年、先生は五五歳。現在の私が五一歳だ。比較しても意味はないのだが、やはり恩師の存在は大きい。

先生のもとで専門課程つまり日本中世史研究の手ほどきを受け始めると、私は瞬く間にその世界に引きずり込まれていった。先生の研究の真骨頂は、地域住民の自治的な力量を具体的に把握して、戦国〜豊臣期の権力のあり方を「下から」捉え直すという一貫した方法論にあった。戦国時代の混乱から近世統一国家の成立までの過程を、豊臣政権・徳川幕府による社会の強権的な編成過程として説明していた通説を批判した先生の学説は、真の意味での「戦国社会研究」の幕開けを告げる、巨大な業績であった。

一例を挙げよう。戦国時代を終わらせた豊臣秀吉は、刀狩令によって百姓の武器をすべて没収し、武力を独占して百姓が反抗（一揆）できないようにした。私も高校の教科書でそう習っていた。だが、私自身も今度の小著に書いているが、実際に当時の史料（古文書等）を丹念に解読してみると、江戸時代の百姓が刀や鉄炮をはじめとする武具を所持しているのは、むしろ一般的でさえあったことが分かる。「江戸時代の百姓＝丸腰の民衆」説は、近代歴史学が描いた虚像だったのだ。そのことを初めて実証的に指摘したのは、先生であった。一九八五年のことである。これによって、「武力を独占した幕府は、民衆から一揆を起こす手段を剥奪し、徳川の治世は二〇〇年間以上も続きました」式の説明は成り立たなくなった。

それでは、徳川の二〇〇年間の「天下泰平」が維持できた理由は、どう理解することができるのか。それが先生の提起した日本史研究上の最大のテーマである。小著が主題としたのも、このことであった。

一九八〇年代後半から熊本に赴任する二〇〇〇年までの間、私は先生とじつに多くの現地調査に出掛けた。越前敦賀の海村や和泉南部の山間村では、集落の傍らの寺院跡や墓地で戦国期の墓石・供養塔を大量に発見し、銘文を読み取り、報告書にまとめた。信州飯田近郊の村では、戦国時代の土地台帳に記載されている地名の聞き取り調査を実施し、当時の開発状況の復元に取り組んで、成果を雑誌論文として公表したこともあった。これらを通じて、現在の大字単位の自治会につながる伝統的な地域コミュニティーの形成期が一六世紀＝戦国時代にあることを、身をもって学んだ。こういう調査には本当にたくさんご一緒したのだが、おかげで現在の私は、日本中どこに出掛けても、先生から叩き込まれた方法論を応用して地域の歴史像を把握することができるようになった。一五年間に及ぶ学恩は、日本社会の歴史を研究する上での血となり肉となったのだ。

＊　＊　＊

その日、目もくらむような猛暑の中、駅からの坂を登ったところにある施設に、先生はおられた。

評論家たるな、クリエーターたれ。史料は誰にでも平等に転がっているのだから。先生の研究者としての生きざまから学んだことの神髄である。他人の仕事を論評して満足するような人間にはなるな。無数にある歴史資料（古文書）から対象を選択し、厳密に解釈し、それを土台にして創造的なものを書きなさい。では、無限の歴史資料の中から、いったいどれを選択するべきなのか——その選択の基準は、君自身が社会を見る目、つまり君自身の価値観、世界観以外にはありえない！

果たして小著は、先生の教えに叶う内容を伴っているのだろうか？

「教え子の本を手にするってのは、格別に嬉しいもんだね。なんだかずしっと重みを感じるね」

先生は頁をめくりながら、それだけを繰り返し、おっしゃった。

ますます強くなる陽射しのもと、坂を下り、先生の奥様と駅で別れた。駅前の酒房に飛び込み、カウンターで痛飲しながら、私は頭の中で次のように繰り返していた。「先生」とは、若者を未知の世界に導く者のことだろう。未知の世界の存在に気づくということは、それまでの自分が変わったということだ。三〇年前、そうやって自分は変わり、それが始まりだった。今日だけは、満足してもいいだろう？

陽が傾くとともに、酒は塩辛くなり、酒場の喧騒は増していった。三〇年目の区切りを新たな出発にしたい。そう心に決めて、私は席を立った。

［追記］

藤木久志氏は本書入稿後の二〇一九年九月二八日に逝去された。筆者は遺著『戦国民衆像の虚実』（高志書院、二〇一九年）の編集に携わる機会を得た。

二　講演の旅

小倉藩時代の細川家

二〇一六年九月、大分県立先哲史料館で、「細川家の豊前・豊後支配と地域社会」と題して講演した。熊本藩の歴史資料群である永青文庫資料を研究する者が、どうして大分や福岡の話をするのか？　そう、西暦一六三二年に加藤家に替って熊本藩主になった細川家は、関ヶ原後の一六〇〇年から三〇年余りの間、豊前小倉藩主を務めていたのだ。その領国は小倉から大分方面に広がり、現大分県の中津、耶馬渓、宇佐郡、国東半島、速水郡にまで及んだ。この時代の当主は細川忠興と忠利。忠利が家督を相続した一六二一年から国替えまでの約一〇年分の重要資料が永青文庫に伝えられている。小倉から熊本への〝お引っ越し〟に際して、厖大な文書群もしっかりと熊本に持ち込んだというわけだ。

細川家が小倉にいた頃の江戸時代初期については、全国的にはそれほど豊富な歴史資料（古文書等）が遺されておらず、研究はなかなか進まない。そんな中で、細川忠利小倉時代の永青文庫資料は、極めて貴重な研究対象となる。その分析は私にとっていちばん大切な仕事である。

一七世紀前半という時代は、世界史的に見ても重要な時代である。一六世紀の後半に明帝国を中心とした東アジアの国際秩序が緩み始め、貿易利潤を求めたヨーロッパ勢力が大挙進出してくる。こうした国際環境の中で、東アジア諸地域の国々の統合力は弱まり、多様な軍事勢力が台頭してアナーキー的な状況に陥る。日本の戦国時代や豊臣秀吉の朝鮮出兵はその典型例の一つである。だが一七世紀になると混乱も収束に向かい、東アジア各地域でも国家の再統合が進んでいくのである。日本における戦国の動乱から徳川体制の定着までの歴史も、こうした世界史のうねりのうちに位置付けると理解しやすい（岸本美緒氏）。

戦国武将として名高い細川忠興。その子忠利の世代は、いわば〝ポスト戦国世代〟であり、内戦と対外戦争を長期停止した「天下泰平」の江戸時代の基礎固めにあたった世代である。成り上がり者の武士たちが領主として地域住民（百姓）に対する支配権を行使し始めたこの時代、第一に、戦国時代の経験を踏まえて地域支配の原則を固めることが求められた。武力に頼れば内戦の時代へ逆戻りである。忠利らは「天下泰平」の時代の領主としての統治法を、実地に、初歩から学び、築かねばならなかった。百姓の側は武器を手元に確保しつつ、そうした大名の統治の実情を注意深く観察し、問題点や矛盾点を衝いてくる。

武士領主と百姓とが互いの武力行使を抑制しながら、支配をめぐるぎりぎりの交渉を続け、〝合意点〟を模索していく。講演ではそのことを具体的に話した。

ボトムアップ型の地方自治（一）

永青文庫には細川家が江戸時代初期に小倉藩主だった時代の貴重な統治記録が伝わっている。元和七年（一六二一）六月二三日、細川忠利は父の忠興から家督を継承して小倉に入城した。その翌日、忠利は領内の各郡支配の責任者である郡奉行衆一二名に、二九箇条にもわたる上申書を提出させたが、その冒頭には次のようにある。

　宗立様へ申上度存儀就御尋言上仕候事

現代語訳すれば、「先代の忠興（宗立）様に対して申し上げたくても言えなかった領国支配上の問題点を言上せよ、という忠利様の指示ですので、言上します」となる。

　じつは慶長九年（一六〇四）八月に忠利が家督相続者に決定してからも、忠興は簡単には当主の座を手放さず、じつに一七年近くが経過して、やっと代替わりが実現したのであった。家督を相続した忠利最初の政務は、長き忠興時代にたまりにたまった領国支配上の諸問題を郡奉行に尋ね、上申させるという、いわば代替わりの善政（徳政）であった。上申内容は、各種産物にかかる多様な租税の免除要請、新地・荒地再開発地への課税優遇措置の要請、百姓への日当米の給与要請、百姓の年貢運送負担軽減要請、村役人不在問題などに及び、忠利はこれらの要請・要求の大半を認める旨、決裁したのであった。

　要求の真の主体は、年貢や各種租税を納入する百姓たちであったに違いない。江戸時代の統治システムの到達点である「究極の地方自治」（本書一五二頁）の原型が、ここにすでにみられるわけだが、それは鎌倉・室町時代以来の百姓の政治的な成長に基づくものだった。

私はこの上申書を講義で取り上げ、学生にレポートを求めた。ところがその中にこんな趣旨のものがあった。「上申書は百姓の不満をガス抜きするものにすぎない。そもそも、民衆の要望が反映される政治システムが良いシステムだとはいえない。手間がかかるだけ」。これには閉口した。民主制の歴史への無関心、無関心の正当化である。現実社会よりも「ポケモンGO」のような仮想の世界にはまり込む学生たちに歴史学を説くのは、正直言って辛いものがある。この学問は社会的無関心に対して語る言葉を持たないのだから。

江戸時代の百姓は、領主に何を認めさせれば納得して「年貢を納めた」のだろうか。これはやはり歴史学上の重大テーマだが、その根幹に触れる別の重要史料が、永青文庫研究センターによって解読されたのである。

ボトムアップ型の地方自治（二）

江戸時代の百姓は、領主が何を認めれば納得して「年貢を納めた」のだろうか。これはやはり歴史学上の重大テーマだが、その根幹に触れる江戸時代初期の史料が、永青文庫研究センターによって解読された。豊前国田川郡の十か村の庄屋たちが、元和八年（一六二二）の年貢率（「免」）をめぐって郡奉行・代官・惣庄屋と対立し、小倉の奉行所に提出した越訴状がそれだ。

免とは、村の規模を米穀量で表した数値（村高《むらだか》）からその年の年貢量を算出するために掛け合わせる係数のこと。例えば、高一〇〇石の村で「四ツ免」（四〇％）なら年貢量は四〇石となる。免の決定は、領主と百姓との関係の根幹に関わる重要事項であった。

訴状は同年一〇月に提出され、次のように記されている。この年の春、細川家の田川郡奉行が小倉城へ庄屋・百姓を召喚し、田川郡全体の免を去年並みに維持しながら村々の年貢率（「春免」）を決めようとしたが不調であった。七月になって郡奉行は、村々の免は去年と同じで請け負う旨、日付を四月一日にさかのぼって誓約書を提出するように庄屋・百姓らに迫った。しかし庄屋・百姓らは納得せずにこれを拒否。百姓の主張は、「去年と同じ免では請け負えないから、村ごとに作柄調査を実施して年貢率を調整せよ」の一点であった。

訴状の次のような表現が興味深い。

自分たちは殿様に損をさせようというのではない。郡中で村ごとの年貢率の不同があるので、百姓の「たたずまい」に即して免を定めるべきだと言っているのだ。

「たたずまい」とは暮らし向き、生業、耕地の状況、作付け内容、つまり村の生活実態のことを意味する。庄屋・百姓らは、比較対象となる村の昨年の免を具体的に書き上げ、各村の「たたずまい」に則した免の調整を強く要求した。

庄屋・百姓らの主張は明確であった。百姓身分は年貢等納入をめぐる交渉の主体であり、不当な条件には決して納得しない。年貢納入量は各村の個別具体的な状況を踏まえて決定されるべきで、領主たる者はそのための調査に意を尽くすべきだ。百姓たちが、年貢納入には領主との「契約」的な性格があると認識していたことがよく分かる。

このような論理に基づく百姓たちの訴状は、じつに平安時代の末期から各地で提出されていたことが知られる。平安末期は「百姓」身分の成立期にあたる。百姓たちは中世から近世初期まで一貫して、領主支配を地域社会の側に拘束し、勝手気ままな権力行使を規制し続けた。そこには、百姓は奴隷身分とは異なって、領主との契約の主体として自立した身分であるという意識が存在したものと考えられる。

こうした百姓身分の成立と維持が、江戸時代中期以降に花ひらく「ボトムアップ型地方自治」のルーツであった。

島原・天草一揆の「戦争と平和」

この年末年始（二〇一六～一七年）は、ほとんど休む間もなく原稿執筆に励んだ。二月半ばから長崎県南島原市で開催される展覧会「初公開資料！　原城落城のとき――禁教・潜伏への道のり――」の図録に寄せる論稿である。展覧会は南島原市教育委員会の世界遺産登録推進室が企画し、島原・天草一揆に関する歴史資料等を展示するものだ。

寛永一四年（一六三七）一〇月、島原半島では多くのキリシタンが戦国時代の一揆のように蜂起して島原城を攻撃、天草のキリシタンも呼応して、三万七〇〇〇人が島原半島南部の有馬原城に三か月間にわたって籠城した。細川家をも含む九州諸大名は幕府から派遣された上使《じょうし》の指揮のもとで原城を取り囲んだ。寛永一五年二月二八日、原城はついに落城し、一揆の大将天草四郎は、熊本藩の陣佐左衛門《じんのすけざえもん》という武士によって首を取られた。

今回出品される資料の目玉の一つが、この陣佐左衛門が落城の翌日、二月二九日付で熊本藩の家老に提出した戦功申告書の原本（松井家文書）である。「昨日、本丸で首を三つ取った。そのうちの一つは四郎の首です」、と記している。「四郎」という人物がこの無名の武士によって実際に原城本丸で討たれたのだ！　二〇年近く前に熊本大学附属図書館の展覧会で三日間だけ展示されたことがある、まさに歴史的な古文書である。

図録への私の寄稿文のタイトルは「島原・天草一揆と『天下泰平』」。この一揆を「最後の戦国型一揆」として理解しようという論旨だ。執筆の過程で気づいたことを一つご紹介しよう。

当時の熊本藩主細川忠利は一揆鎮圧から一か月余り後に、ある旗本に向けて興味深いことを書いていた。

この際、百姓の所有する武器は全て没収してしまいたい。そうすれば、今度のような一揆は起せない筈だから。どうだろうか。

豊臣秀吉の刀狩令は天正一五年（一五八八）の発令、つまりほぼ五〇年前のことだ。近年の研究では、刀狩令は百姓の武装解除を実現せず、江戸時代の百姓は刀、鑓、鉄炮等の各種武器を所有しているのが当たり前であったと指摘されているが（藤木久志『刀狩り』岩波新書）、それがこの忠利の発言からも確認されるわけだ。

しかし、より重要なことは、原城本丸に乗り入れ一揆の実態を目の当たりにした忠利の願望にもかかわらず、百姓からの大規模な武器没収政策が実施された形跡は、江戸時代を通じて、ただの一度もないという事実である。それでも「今度のような一揆」は幕末までついに起きなかった。江戸時代に全国で三七〇〇件も組織されたことが知られる「百姓一揆」は、厖大な人数の百姓を動員したが、人命を損失させるような武器行使をみずから制限し続けたのだ。刀狩りにあって武器を取り上げられていたから使えなかったのではない。持っているのに使わなかったのだ。百姓の武器不使用が維持されている限り、武士の側も百姓を殺めることはできなかった。

武器不使用を江戸時代人のモラルとして定着させた力はなにか。「天下泰平」の秘密を解く鍵が、そして、「戦争と平和」という人類永遠の命題に向き合うための手掛かりが、そこにあるだろう。

島原百姓大移住

この春(二〇一八年)、南島原市などが主催する展覧会「島原大移住――戦乱の終わりから復興へ――」が開かれた。「大移住」とは、不思議なタイトルの展覧会だが、副題にある「戦乱」「復興」の文字から、勘のいい読者の方々はもうお分かりだろう。寛永一四年(一六三七)から一五年まで、徳川三代将軍家光の覇権を揺るがした「島原・天草一揆」からの島原の復興をテーマとする、歴史資料の展覧会である。

寛永一五年二月、南島原の原城に籠城したキリシタン百姓らの一揆勢に襲いかかった諸大名軍のうちに、永青文庫の歴史資料を今に伝えた細川家もあった。原城落城直後、細川家の当主忠利は、じつに一揆勢三万七〇〇〇人が死んだと語っている（永青文庫細川家文書）。その結果、一揆後の島原・天草は、深刻な人口減少に陥った。古文書では、「亡所《ぼうしょ》」になったと表現されている。開発ずみの水田や畠が耕作されなければ、あっという間に雑草が茂り、翌年には雑木も生えてしまう。「亡所」とは、こうして荒れ果てた地域の状況を表すときに使われた古代以来の言葉である。

一揆から四年たった寛永一九年三月一八日、肥前大村藩主の大村純信は、江戸幕府の老中に宛てて、驚くべき訴状を提出した（大村市立史料館所蔵文書）。近年、大村領から島原領に移住する百姓が続出しており、その数は一六〇〇人近くに上るというのである。大移住の背景について、大村藩主は次のように述べる。

島原領では復興のために年貢率を低く抑えたり、米・銀を貸与するなど、破格の百姓優遇策がとられており、それに魅力を感じた大村領の百姓らが、家族ぐるみで移住している。決して自分の統治が悪いからではない。

このままでは、大村藩が立ち行かなくなってしまうので、島原藩主の高力忠房に百姓の返還を求めた。ところが高力の返事は、どこから移住した百姓であっても返還しないよう、幕府の御老中様から命じられているので、独断では応じられないとのことだ。別紙に書き上げた百姓らを返すよう、幕府としてお取計らい願いたい。

ところが大村藩主の訴訟を受けた幕府は七月一六日、逆に九州・中国諸藩に対して、島原・天草への百姓移住令を下すのである。いわく、「藩内の田畠が荒れない限りで、家族の多い百姓の中から移住者を選抜し、島原・天草に遣わせ。幕府への御奉公だと思ってしっかりとつとめるように」。この命令は、熊本藩、臼杵藩、佐賀藩、薩摩藩、豊後高松藩、萩藩などに発布されたことが知られている。

そして幕府は、当の大村藩に対しても移住令の趣旨を伝達するとともに、すでに島原領に移った百姓は可能な限り返させるが、大村領の田畠が荒れない範囲内で、一定数の百姓の移住はそのまま認めるよう伝えていた。

幕命を受けて、熊本藩ではわずか二か月間で百家族もの百姓の移住を実現させている。移住百姓には多額の銀子を給与してもいた。他藩もそれに倣った。また、大村藩と島原藩の間では、百姓返還の条件交渉が難航し、翌年二月になって一定人数の返還が実現するが、その百姓らが島原藩から借りた米・銀や島原藩への未納年貢の返済を求めた高力家が幕府に提訴するなど、事態収拾には複雑な調整が必要とされたのだった（以上、展示史料による）。

南島原には、この時に小豆島や阿波（徳島県）からも移住者があったことを示す史料が存在する。島原一揆の惨禍から地域を復興したのは、九州、中国、四国の各地から移住した人々だったのだ。現在につながる島原の地域社会のルーツがここにある。

このように、一七世紀中葉は島原地域史にとっての一大画期であった。その実像を島原の方々にお話しするのだから、私の責任は重大である。

それにしてもこの大移住、よく考えると疑問だらけだ。そもそも江戸時代の百姓は、土地に縛られていたのではないのか。関所はどうやって通ったのか。自由に移住できたのか？　移住百姓が米銀貸与によって優遇されているのはなぜか？　「百姓と菜種油は絞れば絞るほど取れる」というのが江戸時代の政治だったと、学校で習ったのだが。それに、大規模な入植政策が熊本藩も含む近隣諸藩でかくもスムーズに実現できたのはなぜか？

「百姓」身分の法的地位

展覧会「島原大移住――戦乱の終わりから復興へ――」での私の講演は、演題を「近世初期の百姓と統治権力――島原一揆後の地域復興をめぐって――」とした。参加者は一七〇名に上り、島原一揆後の百姓大移住による地域復興という地域史の一大画期への市民の関心の高さを実感することになった。

講演は、前述した疑問に答える形で進めた。大村藩などからの大勢の移住百姓が島原の復興を担ったというが、江戸時代の百姓は幕府や大名によって土地に縛られていたのではないのか。自由に移住できたのか。

こうした疑問を解くカギは、百姓身分の法的地位の自立性にある。

江戸幕府が成立したのは一七世紀の初頭である。しかし百姓身分の成立は、はるか昔の平安時代末期、じつに一一世紀のことであった。

中世史家・戸田芳実氏が一九六七年に発表した重要論文「平民百姓の地位について」(同著『初期中世社会史の研究』所収)は、一一世紀の王朝国家の支配下にある一般的農民身分は「平民百姓」であり、彼らは第一に、国司の政治について中央へ直接訴訟する権利を持っていたとする。

一例を挙げよう。寛仁四年（一〇二〇）六月、丹波国（現京都府中部、兵庫県・大阪府の一部）の百姓らが平安京の公門に立って丹波国司の苛政を訴えたとき、丹波国司は彼らを騎兵をもって追い立てたので、百姓らは宮中に逃げ込み大混乱となった。それに対して時の関白藤原頼通は、丹波国司を非として重く譴責《けんせき》し、百姓の罪を問わなかった。関白頼通といえば、日本の歴史上もっとも強大な権力を行使した為政者の一人であるが、彼をしても百姓の直訴権を否定しえなかったのだ。戸田氏はその理由を、平民百姓の身分が、本来、律令国家の政治秩序における「公民」の地位に由来するものであることに求めている。

「公民」とは、国家が所有する「口分田《くぶんでん》」を分け与えられ耕作する律令国家の構成員を指す身分であり、公民である以上、国司などによる私的支配の対象にはなりえない身分であった点に最大の特質がある。中世・近世の百姓身分が、こうした公民の身分的特質を引き継いでいる事実を忘れてはならない。

したがって、初めて成立した武家政権である鎌倉幕府が、百姓の公訴権を保障する法を制定するのは当然であった。あの「御成敗式目《ごせいばいしきもく》」（一二三二年）の第四二条では、百姓が領主である地頭（御家人）の暴政を幕府に提訴する権利を前提に、百姓の「逃散《ちょうさん》」の権利と「去留《きょりゅう》」の自由までをも保障していたことが知られるのだ。

「逃散」とは、百姓が地頭の暴政を改めるよう要求し、それを認めさせるために、耕作や収穫を拒否して在所から一時的に他所へ退出することである。

百姓の「去留」とは、そうした逃散を継続して結果的に暴政地頭の領地（荘園）から去るか、本来の領地に戻り留まるかを指し、式目四二条は、「去留は宜しく民意に任すべきなり」と明記している。つまり、逃散継続の末に他領に移るか、それとも元の領地に戻るかは、百姓の意思に任せるべきで、訴えられた地頭＝御家人が腕ずくで取り返してはならない、と規定しているのである。さらにこの法の主旨は、建長五年（一二五三）に公布された幕府法にもそのまま引き継がれている。

慶長八年（一六〇三）に江戸に幕府を開いた徳川家康が、こうした歴史に制約されないはずはなかった。彼が征夷大将軍に任官したのと同時に公布した江戸幕府の百姓支配の基本法（全七か条）第一条には、次のように規定されている。

「幕府の直轄領でも大名領でも、百姓が直轄領代官や大名の『非分』に抗議して領地を立ち退いた場合には、たとえ立ち退かれた代官や大名から求められたとしても、立ち退き先の代官や大名は、百姓を元の領地に強引に帰し付けてはならない」

鎌倉幕府法における百姓逃散の権利と去留の自由は、江戸幕府の百姓支配の法体系の根幹に引き継がれたのであった。

一六三七〜八年の島原一揆後、近隣の大村藩から一六〇〇人もの百姓らが流入し、彼らが強引に返されず、処罰もされず、島原半島各地の再開発を担うことになった背景を理解していただけただろうか。百姓を単に武士に虐げられた無権利の弱者と見るような歴史観から解放されたとき、私たちは格段に豊かな物事を歴史から学び取ることができるようになるのである。

秋の講演・展覧会二題

すっかり秋になった。昼間はまだ暑いが、空気は乾いている。虫の声、咲き誇る花々、まあるいお月様。猛暑の頃は自分のことで精一杯だったから、周りに目をやる余裕がなかった。やはり秋こそは芸術と創造の季節である。読者のみなさんの創作活動も、充実した毎日にちがいない。そして私にとっては、学問の秋である。

この秋（二〇一八年）、九月・一〇月の二か月間で、七本の講演をこなした。講演の中から、戦国時代から近世の社会論に取り組んだ二本の要旨をご紹介しよう。

一〇月初めに朝日新聞社の企画で、福岡市内の高校にて「日本における民主制の起源」という講演（授業）をする機会を得た。法改正によって一八歳で選挙権を有することになった高校生たち。しかし、国会や地方議会の現状を見た多くの識者が、民主制（民主主義）の行き詰まりを指摘している。民主制に本来の良さを発揮させることができるかどうかは、主権者である私たちがどれだけ民主主義の価値を理解しているかにかかっている。こうした観点から、日本における民主制の歴史は、若い主権者たちにこそ聞かせたいテーマである。

民主制がうまく機能しない状況に突き当たったとき、その背景としてしばしば持ち出されるのが、日本の民主政治は日本社会自体に本来的に根付いていたものではなく、欧米からの借り物であるという歴史認識だ。しかし、日本における民主制は「近代化」に際して欧米から輸入されたのが起源ではない。それは、中世の村社会にすでに萌芽が見られる。一五・六世紀に村共同体(現在の大字単位の集落団体)が制定した村掟《むらおきて》(村法)には、村の寄合への村人の出席義務や、なんと、熟議を前提とした多数決制などが規定されている。じつに戦国時代に、百姓身分の地域コミュニティーが寄合での民主的な意思決定に基づく自治を展開していたことの証である。

さらに江戸時代後期ともなると、村々では庄屋などの村役人が百姓の投票で選出される例が出てくる。さらにそうした村役人が地域で集まって代表者＝「惣代」を選び、彼らが地域代表として郡単位で集まって地域法「郡中議定《ぐんちゅうぎじょう》」を制定し執行するようになる。東北から西日本にまで広く見いだされるこの「郡中集会評議」は、地域代表の選出と委任を下から積み重ねることによって実現されたもので、日本における代議制（間接民主制）の起源に位置付けられる（藪田貫氏）。そこでの経験は当然、明治初期の自由民権運動へとつながっていったと考えられる。

この講演が戦国〜江戸時代の民間社会論であったのに対して、武家社会に関する最新の研究をもとにした展覧会が、八代市立博物館未来の森ミュージアムで開催された「ザ・家老 松井康之と興長」で、著者は特別講演「日本史における諫言《かんげん》の機能と役割」を担当した（本書二二〇〜二二三頁も参照）。

熊本藩主細川家を戦国時代から廃藩置県まで支え続けた第一家老松井家。展覧会には、その初代康之と二代興長に関する貴重な歴史資料等が多数出品された。信長の上洛戦から関ヶ原合戦まで、生涯四〇度を超える合戦で一度も負け戦なし。そんな無双の武功で鳴らした松井康之の跡を江戸時代初期に継いだ興長は、細川忠興から綱利まで四代の当主に五〇年間にもわたって仕えた。戦《いくさ》に命を懸けた父の康之に対して、興長は藩主への諫言に自身の職責を懸けた。

主君の生活態度や領民支配のあり方に客観的な問題が生じ、それが自主的に改善困難だと判断されたときになされる直言行為が諫言である。興長は、細川忠利や綱利に何度も諫言し、ときには全長五メートルを超える長文の諫言状を書き、さらに遺書さえもが綱利への諫言であったというから、驚きである。家老の諫言は家中の総意であり、主君の側もこれを無視することはできなかったのである。

興長の活躍を見ていると、諫言など主君への不敬行為だという考えは俗説で、むしろそれは家老の至高の職務であり、混迷した藩政を正すための現実的手段であったことが分かる。さらに興長自身も、もし家老としての職務に問題があれば、松井家の家臣から諫言をうける立場にあった。これは、上位者の言動の正邪を見極め、必要な意見を明瞭かつ論理的に表現し伝達する自立性が、あらゆる武士たちに必要とされたことを意味する。

「原子力ムラ」などという隠喩にみられるように、現在も、村は個の自立を阻害した暗い歴史の象徴とみられているし、日本の封建制度は西洋のそれに比べると主君の命令絶対で、そのために停滞し、行き詰まった江戸幕府が「明治維新」で廃棄されることによって、日本は「近代化」を実現し得たのだと考えられている。ところが、現実の歴史資料に表れる百姓や武士たちは、こうした一般認識を裏切って、むしろ個としての自立性を前提にして自らの組織を運営し、秩序を維持していた。歴史に関する私たちの常識には、近代国家が政治上の目的の下につくり出した壮大なフィクションが組み込まれている可能性が高いのではあるまいか。

秋の夜長、歴史上の多くの無名の人びとが織り成す歴史が、本当は現在とどうつながり、何を教えてくれるのか、歴史資料と向き合いながら問う日々が続くことになるだろう。

晩秋の舞鶴へ

二〇一八年、秋も深まる一一月半ばに京都府舞鶴市へ旅をした。朝六時熊本発の新幹線に乗り、京都で山陰線に乗り換え、綾部で舞鶴線に乗り継いで東舞鶴まで、約六時間の旅だ。

かつては旧日本海軍の軍港であり、現在も海上自衛隊の一大拠点である舞鶴。敗戦後はソ連の侵攻を逃れて大陸から帰国する「引き揚げ者」が戻る港であり、その記録を収集・公開する「舞鶴引揚記念館」が設置されている。旧海軍の赤レンガ倉庫群は文化財として有名で、さまざまなイベントの会場としても活用されている。この地の冬の味覚・カニと並んで、いまや大きな観光資源である。

旅の目的は大好物のカニを食べること！ではない。歴史資料の調査である。といっても、引き揚げ関係の資料ではない。調査対象は遥か昔、戦国時代に肥後細川家の初代細川藤孝（幽斎）とその子忠興が出した古文書三点である。

熊本藩主となった細川家の当主たちが出した古文書がどうして舞鶴に？と不思議に思われる方も少なくないことだろう。細川家の大名としての始まりは、もともと室町幕府の将軍に仕えていた初代の藤孝が元亀四年（一五七三）七月、没落する一五代将軍足利義昭から離れて織田信長に仕え、京都の桂川から西の地域（「西岡」と呼ばれた）の領域支配権を与えられたことにあった。藤孝は、織田家にとって外様であったとはいえ、京都と大坂そして丹波・丹後（現在の京都府北部）とをつなぐ重要拠点を任され、姻戚関係を結んだ明智光秀とともに近畿地方各地での合戦に参加して、信長の信頼を得た。

天正八年(一五八〇)八月、宿敵大坂本願寺との対立についに終止符を打った信長は、細川藤孝、忠興父子に丹後への国替えを命じる。次なる敵となった毛利氏の支配下にある山陰地域を攻めるために、日本海沿岸の軍事拠点を細川父子に構築させることが、この国替えの目的の一つであった。藤孝は、丹後国の政治的中心地であった府中の至近に宮津城(現京都府宮津市)を築いて居城とし、忠興は舞鶴を拠点とした。父子は、これら二つの港町の城をベースにして、慶長五年(一六〇〇)の関ヶ原合戦の論功行賞で九州は小倉・中津に移るまで、二〇年間にわたって丹後国を支配したのである。

この間、藤孝・忠興父子は丹後で多くの文書を発給し、その一部が現地に伝えられている。今度の調査対象は、天正九年(一五八一)一一月に現舞鶴市域の寺院に相次いで出された寺領宛行《あてがい》状などで、二人がそろってサイン(花押《かおう》)を書き入れた貴重な文書だ。

丹後における細川父子の支配体制づくりにも大きな力を発揮した明智光秀は、丹波・

丹後で検地（耕地の実測調査）を主導し、村々の年貢等負担基準値を米穀の容量で表示する「石高制」を確立して、それに基づいた法を家中に示していた。天正九年六月のことである。今度の調査対象は、光秀の法制定の直後に、細川父子が丹後の寺院に石高制に基づいて領地を与えたことを示す公的文書だ。

調査の目的は、これらの文書を指定文化財にするために必要な調書の作成である。石高制は、「肥後五十四万石」「加賀百万石」というように、江戸時代を通じて社会編成の基軸となった制度であるから、その成立期に近畿地方で発給されたこれらの文書は、日本の歴史全体にとって重要な資料であるにちがいない。

ところで、古文書を含む文化財や古美術品をスタジオで鑑定して値を付ける番組が人気を博して久しいが、そこでも明らかなように、古文書の評価とはじつに難しいものだ。まったくの偽文書も数多く存在する。荒唐無稽な内容の偽文書なら、見破るのは簡単である。私の経験上、難しいのは本物の文書を発給者のサイン（花押）も含めてそっくりに写した複製文書である。

複製文書は、人を騙して売りつけるために作成されたものばかりではない。たとえば、中世にある武士が近隣の武士と領地争いを起こし、その紛争を幕府の裁判所に持ち込んだ場合、自分の手元にある権利文書の写しを証拠書類として裁判所に提出することができた。複製文書はこのような目的で、中世からいたるところで作成されていたのである。原文書と同時代に作成された写しは、筆跡も紙の風合いも原本にそっくりである。見分けるのは容易なことではない。難しい仕事になりそうである。

国際歴史会議でモスクワへ

今年（二〇一七年）の夏はとにかく暑かった。九月の声を聞いた途端に、朝晩少しは過ごしやすくはなったが、なかなかぐっすりとは眠れない。仕事がおおいに立て込んでいるのだ。

江戸時代初期の細川藩政に関する研究成果を一般向けに書き下ろす仕事に、六月から取り組んでいるが、いまだ脱稿せず。あと五〇枚。何としてでも九月中に形にしたい。一一月から一二月には熊本と東京で二つの展覧会を開く。そのための原稿作成なども九月末がリミットである。それに、職場の同僚が出版する著書も九月中に出版社に原稿を渡す約束なので、一通り目を通さないといけないだろう。

不思議なことに、原稿の締め切りや学会発表は、なぜか一時期に集中する。いま最大の懸案は、九月二八日にモスクワで開催される国際歴史会議総会での講演だ。初めての英語による講演となる。

国際歴史会議とは、現在の歴史学界では唯一の、全世界をカバーする国際学術会議である。年一回の総会がヨーロッパ各地で開催され、今年はロシア革命から百年を迎えたモスクワでの開催と相成ったわけだ。

講演会のテーマは「市民戦争」。ヨーロッパでも日本でも、一六世紀後半の社会と国家の混乱を収束する中から、近代国家の祖型となる国家の枠組みが形成される過程が存在した。その過程では、権利闘争・実力行使の主体として、さまざまな勢力が歴史の表舞台に姿を現し、一七世紀の国家形成のあり方に多大な影響を与えた。日本の状況、つまり戦国時代から徳川国家の確立までの過程を、こんな「市民戦争」の観点から英語で講演できる人が欲しい。フランスの学会事務局から依頼を受けたある日本人研究者が、こともあろうに私を推薦してしまったのだ。

こんな大問題を英語で——私は英語ができないのに！

「今年行かなかったら、モスクワになんて一生行けないだろうね」。ある同僚の殺し文句だ。歴史学者のはしくれとして、革命百周年のモスクワを見ておかなくちゃ、などと周囲に軽口をたたいたのもいけなかった。まんまと引き受ける羽目になった。

原稿の英訳は、英文学専攻の同僚の多大なる援助によって完成した。これから、その同僚のご厚意によって、地獄の発音トレーニングが始まる。同僚いわく、「国際舞台で、あんたに恥をかかせるわけにいかないから」。

平和国家日本への信頼感

国際歴史会議総会では初めての英語での学会報告であったが、特訓のおかげで、なんとか乗り切った。その内容については後でお話するとして、ここでは滞在二日目に視察したモスクワの町の様子を書いておこう。

出発前に斜め読みしたガイドブックや、航空会社からもらったパンフレットの類いには、ロシアでは写真撮影はNG、下手をすると拘束される、と書いてあったが、まったくの誤りだった。日本語がじつに堪能でロシアの歴史に精通した現地ガイドのスベトラーナさん曰く、何十年も前から撮影は自由！　彼女の案内で、ロシア国家権力の中枢クレムリンの周辺と官庁街を歩いたが、武装したアーミーが立っているような場所は皆無で、赤の広場から外務省や国防省の建物までをカメラに収めた。撮影規制されているのはレーニン廟の内部だけだった。

まずは大統領府や大統領官邸が置かれているクレムリン。「クレムリン」とは城、要塞という意味で、一五世紀から一七世紀にかけて、歴代のロシア皇帝によって城壁と塔に囲まれた威容が形成された。その内部も予約があれば見学可能。私たちはクレムリンの正面にある「赤の広場」と、そこにあるレーニン廟、そしてロシア国立歴史博物館を見学した。

日本人にとって、「赤の広場」という名称にはソ連共産党のイメージが強いが、ロシア語の「赤」には「美しい」という意味があり、革命以前からの名称だという。クレムリン城下町の市場がその起源だ。広場は中国やトルコなどからの観光客であふれ、日本人ツアー客もちらほら。いまやレーニンも観光資源だ。

ここにある国立歴史博物館は、一九世紀後半に皇帝によって設立されたもの。展示は古代からロシア帝国全盛期までを貴重な資料でたどることができる。スベトラーナさんの解説も至れり尽くせりで、あらためてロシア史を勉強したくなった。

すぐそばには、これまた一九世紀末に建てられた高級デパートがある。モスクワの物価は日本と比べても決して安くない。そこで、食事はクレムリンから少し離れた庶民食堂でとった。ボルシチも肉料理もとにかく量が多い。お客のロシア人男性の体格たるや、どなたも重量級だ。

世界のバレエの殿堂ボリショイ劇場も訪問。観劇は叶わなかったが、一九二二年、レーニンがここでソビエトの設立を宣言したことを知った。劇場前の広場には巨大なマルクス像がいまもある。帝政ロシアの象徴であったクレムリン、ロシア革命、そしてソ連解体後のグローバル化。モスクワはまさに歴史が重層する場であった。

スベトラーナさんが話してくれるモスクワの歴史は、「戦争の歴史」であった。

一三世紀のモンゴル襲来で焼き払われたモスクワ。クレムリン脇の公園はもと水堀だったのを埋め立てたものだが、地下にはナポレオン戦争の犠牲者たちが眠っているという。そしてナチス・ドイツとの極限的な戦争で犠牲になった数えきれないほどの兵士たちの霊は、やはりクレムリン脇の「無名兵士の墓」に祭られている。

ホテルの警備員からスーパーの買物客にいたるまで、モスクワ市民は私たち日本人に親近感をもって接してくれた。日本のサブカルチャーへの関心も高いが、私は、平和国家という日本の国柄への信頼感が、その態度の背景にあるように感じた。二〇世紀後半以降、国際社会に定着したわが国への評価について、その背景にある歴史をもっとうまく説明できるようになりたい。そう考え続けたモスクワの四日間であった。

「天下泰平」を支えた力

モスクワに滞在中、多くの市民の方々は私たち日本人に親近感をもって接してくれた。その背景には、平和国家という日本の国柄への信頼感があると実感したが、国際歴史会議総会での私の報告は、一七世紀から一九世紀にかけて日本の社会と国家が実現した長期平和を支えた力について考察したものであった。

世界史の年表を見てみよう。一六一八年に勃発した三十年戦争から、一九世紀初めのナポレオン帝国の形成、崩壊まで、同時代のヨーロッパは戦争続きだった。しかしその間に、日本は内戦も対外戦争も凍結維持していた、という客観的事実がある。この二〇〇年間以上に及ぶ長期平和状態を「天下泰平」といった。

天下泰平は、戦国時代を通じ列島各地で繰り返されてきた戦国大名どうしの領土紛争や、地域住民（百姓身分）と大名との武力闘争を、長期停止することによって実現された。とくに後者は「土一揆」と呼ばれた。熊本でも、豊臣秀吉から派遣された大名佐々成政の政策に反対した地侍や百姓たちが一揆して佐々を切腹に追い込んだ「肥後国衆一揆」がよく知られている。たまらず秀吉は、土一揆を防止するために「刀狩令」を出した。そう教科書で習った読者の方も多くおられることと思う。

ところが、近年の研究によると、秀吉の刀狩令によって百姓が刀や鉄炮などの武器をことごとく没収されて武装解除された、つまり、江戸時代の百姓は秀吉の権力によって丸腰にされてしまったために土一揆を起こせなくなったという教科書の理解は、正しくないことが証明されている（藤木久志氏、本書三一～三五頁、四三～四六頁も参照）。永青文庫の古文書にも、百姓が多くの武器を所有し、ときに身に帯びていた事実を示す史料が、たくさん見られる。豊臣、徳川専制国家論は根底から揺らいでいるのだ。では、世界史的にも稀な江戸時代の長期平和を維持した力は、どこに見いだされるのか？

江戸時代にも大名・領主の悪政を指弾する「百姓一揆」が各地で数千件も起きている。しかし百姓らは武器の携行と使用を徹底して避けた。それは血を流す戦国の「土一揆」と「百姓一揆」との根本的な違いだ。こうした百姓一揆の非暴力の背景に、じつは「鉄炮相互不使用原則」ともいうべき、武士・百姓間の鉄炮不使用に関する暗黙の了解が存在していた事実が注目されている（安藤優一郎氏）。しかも、それは幕府や領主の法に規定なきまま、二〇〇年間にわたって維持された。これこそが「天下泰平」維持の実体であったが、それを支えた百姓・武士双方の非暴力思想ともいうべき、次のような史料上の表現が注目される。

敢て人命をそこなう「得物」＝兵器は持たず（百姓）
兵器も持たざる者を一概に鉄炮にて打ち捨てらるべき道理、決してこれ無し（武士）

百姓と武士によるこのような発言を聞けば、一揆の場における武器行使の長期凍結は、百姓と武士それぞれの身分的な自己規律によって、それも人命損失を抑止するための規律によって支えられ、実現された成果だったと思える。

以上がモスクワでの報告の要旨である。日本史研究のこうした進展は、「絶対主義」や「絶対王政」といった概念を再考しようという、世界の歴史学の動向とも関わっている。平和を維持するために必要な規律は、王の権力から社会に押し付けられたのではなく、社会の側から形成されてくる。いわば「社会からの規律化」である。その江戸時代における実績は、平和は社会が、そして社会を構成する私たち一人一人の実践が作り出し、維持するものだという、先人たちからのメッセージでもある。

つたない私の報告には、ドイツやポーランドの研究者が大いに興味を示してくれた。それを小さな自信にして、牛歩を続けようと思う。

三　江戸時代のグルメと環境

鮎好きの古文書講釈

鮎が好物である。熊本大学に着任してから今年でちょうど二〇年。私にとって熊本の夏のイメージは鮎の独特の香りとともにある。荒瀬ダムが撤去されて清流が戻った球磨川下流の坂本では、三年前に道の駅に隣接して鮎簗《やな》がオープンしたとのこと。塩焼き、みそ焼き、せごし、甘露煮。それに珍味のうるか（鮎の塩辛）をちびちびと口に運びながら、辛口の日本酒も心地よい。シメは鮎飯にかぎる。

熊本市民が親しむ機会が多いのは、甲佐町の簗場（熊本県上益城郡甲佐町豊内《とようち》）だろう。緑川の水を引いた鮎簗を眺めながら、藁葺の東屋で鮎料理を楽しむことができる。七六頁にも書いたが、細川家熊本藩主初代の細川忠利は、朝から食膳に上げさせるほどの鮎好きであった。水どころの肥後では、北は杖立川から南は球磨川、それにもちろん緑川、さらに白川でも、簗で立派な鮎が獲れ、細川家に届けられた。甲佐町豊内の簗場の起源も、寛永九年（一六三二）に熊本藩主となった忠利の創設によるものだといわれている。

ところが近年、甲佐町の文化財保護に関係して永青文庫の史料調査を進める過程で、簗場の起源の通説を書き換える、決定的な古文書を確認することができた。

甲佐町豊内の集落は、江戸時代初期までは「土井之内《どいのうち》」と呼ばれていた。この地名は、戦国時代に阿蘇氏の益城郡支配の拠点として大きな城が置かれていたことによると思われる。中世には領主の館や城を「どい」（土居）と呼んだのである。天正一三年（一五八五）、肥後に侵攻してきた島津軍は、「甲佐之囲（＝城）」を「破却」して、「敵（＝阿蘇氏軍）数百」を討ち取り、焼き払ったとの記録が残る（島津家老の記録『上井覚兼日記』）。簗場に隣接する山の上には、大規模な堀と土塁をもつ城跡が現存し、国史跡に指定するべく準備が進められている。

さて、甲佐城の落城から四八年がたった寛永一〇年（一六三三）、幕府は前年に加藤家から細川家へと国主が替った肥後の状況を把握するため、巡検使を派遣した。永青文庫の史料によれば、この時の巡検使の肥後における宿泊地は、北から山鹿、高瀬、内牧、高森、大津、宇土、豊内（土井之内）、小川、八代、日奈久、田浦、佐敷、水俣であった。いずれも各地域における戦国時代以来の町場だ。一七世紀前期には豊内もまた、戦国城下町の一つとして、幕府から派遣された使節の宿泊地に選定されたのであった。

同年六月、巡検使への対応方法を具体的に打ち合わせるため、八代にいた隠居の細川三斎（忠興）は、熊本の忠利に数通の書状を出している（永青文庫細川家文書）。そのうちの一通には、次のようにある。

私の領地（知行地）である「土居之内」に巡検使一行を宿泊させたいとのこと。ここは在所の規模が小さすぎるので、一里あまり離れた御船という町に泊まらせてはどうか。ただし、幸いなことに土居之内には「古肥後茶屋」がある。現在はさびれていて（「おちあはれ」）、そのうえ「川狩之時迄之茶屋」なので、いかにも小さく勝手は良くないが、修繕にはそれほど手間はかかるまい。そこを利用するなら、おまえの言うように、土居之内に宿泊させてもいいかもしれない。

三斎は豊内（「土居之内」）の茶屋を「古肥後茶屋」と表現している。「古肥後」は前の肥後守、つまり前年に改易された加藤肥後守忠広（清正の子息）の先代の肥後守、すなわち加藤肥後守清正その人を指す。しかもそれは、「川狩」すなわち川猟専用の茶屋であるという。甲佐町豊内の鮎簗場の起源が清正にあることは確実である。年代としては、関ヶ原合戦によって益城郡が加藤領になった慶長五年（一六〇〇）にまでさかのぼる可能性がある。簗場の設置は清正、復興整備は忠利、というのが事実であろう。

歴史を知りながら味わう鮎は、また格別である。

江戸時代熊本グルメ

熊本大学に寄託されている細川家（永青文庫）の古文書の中には、一冊が三〇センチを超えるような分厚い記録が大量にある。それらのうちでも貴重なのは、江戸初期の藩主が国元や他所に書き送った手紙の控え、あるいは、藩主の口頭での命令を逐一書きとめた記録だ。学界にさえ未紹介な手紙なども多く、これらが本格的に活用されれば、江戸初期の研究は大きく進展するはずだ。

永青文庫研究センターでは、こうした冊子内部の細かいデータを目録化する作業に取り組んでいる。その過程で、藩主が大名仲間や幕閣、それに将軍への贈答に用いる熊本の特産品について、じつに多くの記述を見いだすことができた。いわば政治社会史研究の副産物であるが、ここは、江戸時代熊本グルメの巻としよう。

まずは、熊本の外港として中世から発展していた川尻。古いところでは、朝鮮出兵中の加藤清正が戦陣から熊本の留守居に、「川尻の鰻の鮨を送れ」と命じているのが有名だ（下川文書）。鰻の身と飯を混ぜて発酵させた熟鮨《なれずし》だと思われるが、名古屋生まれの清正は、川尻の鰻鮨をよほど気に入っていたのだろう。

細川家の時代、川尻には奉行が置かれた。夏の熊本に要人の来客があると、熊本の奉行は川尻奉行に決まって「川尻の鱸《すずき》を調達してくれ」と頼んでいた。刺し身でよし、焼いてよしの鱸だが、淡水と海水が入り混じった河口部に多いという。長崎への出向途中に熊本に立ち寄った幕府の要人たちなども、川尻鱸を好んだようだ。

加藤家時代から肥後特産として人気だったのが「八代蜜柑」だ。清正の贈答品としても史料に頻出するが、細川忠利や父の三斎も毎年厖大な数の蜜柑を江戸に送らせ、将軍、幕閣、大名たちに配っていた。

これが現在の特産「八代みかん」につながるのはいうまでもないが、なかには近代になって絶えてしまった品もある。「菊池海苔」だ。菊池川の川海苔で、三斎は、「以前、加藤家から菊池海苔を頂戴したことがあるが、じつに見事な品だった。自分も肥後に来たからには、これを献上・贈答に用いたい」と述べている。永青文庫の史料によれば、熊本藩は江戸後期までこの名品の生産を援助していた。その後、生育環境が破壊されたために現在まで続かなかったのは残念だ。

さて、この原稿を書いているのは八月初旬。熊本の名産である鮎を味わう季節だ。明君・細川忠利は、とにかく鮎が大好物だった。益城郡甲佐町の緑川にいまもある「鮎の簗場」は、加藤家が設置した「川狩りの御茶屋」に起源を有し、細川家が引き継いだ。驚くべきことに、その昔は熊本藩領内のあらゆる川で鮎がとれた。江戸初期には現熊本市内を流れる白川の子飼橋付近にさえ簗場があったという。忠利が賞翫《しょうがん》して驚いたのは、小国の鮎の大きさだ。杖立川の鮎だろう。「小国の鮎はこんなに大きいのに、なぜ今まで自分に教えてくれなかったのだ！」、と大人気なく怒る忠利。こんな自分のセリフが文書化され、三八〇年後にこうして読まれることになるとは、よもや思いもしなかっただろう。

秋の味覚、松茸。現在では高価なので、私などは満足に食べたこともないが、これは細川三斎の大好物。毎年季節になると、松茸山のある地域の郡奉行が村の百姓衆に命じて採集させ、三斎のもとに送る。一度に一〇〇本以上も進上されることがあり、ある年の記録には、「今回の松茸は上々の品で、一本たりとも傷んだものはなかった。満足である」との三斎のお褒めの言葉が記されている。史料で目にするのは小代山(現荒尾市）の松茸だが、戦後までは「玉名名物」として採集されていたとのことだ。

三斎や忠利のグルメにかける思い入れを感じ取っていただけただろうか。自分の地元の好きなものを大事な人にも味わってもらいたい。こんな思いは、意外にも江戸時代初めの国主たちも、私たちと同じだった。長い歴史の中で政治や経済の仕組みが変化するにつれ、人間の内面の多くの部分も変化する。しかし、不変の部分もある。

四〇〇年前の肥後の特産のうちのいくつかが、近年そして現在まで人々に珍重されてきたのも、人間の内面の不変性に支えられてきたが故のことだと思い至る。

熊本の熊の話

熊本県のＰＲマスコットキャラクター「くまモン」の人気が定着してから、どのくらいになるだろうか。いまや国民的人気をはるかに超えた世界的人気を誇るくまモン。私の勤務先である熊本大学を監督する文部科学省（東京・霞が関）の庁舎内で、永青文庫研究センターの成果をアピールするパネル展と講演会を開催する機会を得た。そこに、くまモンが応援に駆け付けてくれて、一緒に、「熊本城の復旧にみなさんのご支援を」、と呼び掛けることができた。

いまや前代未聞の不祥事で揺れる文部科学省だが、そのときは、くまモン見たさに多くの職員が会場に集まった。くまモンの彼らへのサービス精神あふれる対応は、徹底したプロ意識に貫かれていた。その仕事ぶりには本当に頭が下がる。

ところで、いまでこそ「ゆるキャラ界の神」の地位を不動のものにしているくまモンだが、じつは、登場当初の評判はけっして芳しいものではなかったと記憶している。かく言う私も、こんな悪態をついて、周囲に強引に同意を求めていた。

「熊本のキャラクターが熊だってのは、絶対マズいよな。熊本に熊はいねぇんだからさ。だいたいさぁ、誤解されるだろうが。熊本の山には熊がいっぱいいる、なんてさぁ。北海道じゃねぇんだから！」

ごめんなさい、くまモン。

さて、ここからが本題。「熊本には熊はいない」というが、ご存じのように、かつては九州山地一帯にツキノワグマが生息していたのだった。九州の熊は、一体いつ絶滅したのだろうか。そもそも近代化以前の江戸時代には、どのくらいの熊がいて、村の人々との関係はどのようなものだったのか。いつものように、同僚の後藤典子さんが、永青文庫の古文書の中に興味深い記述を見つけてくれた。

熊本藩奉行所の日報「奉行所日帳」の寛永一三年（一六三六）九月一日条に、次のように記されている。

阿蘇南郷のうちの永野原という村の新兵衛という者が、先月二六日に熊を鉄炮で仕留めた。新兵衛は、獲物の熊の毛皮、胃、油を阿蘇南郷奉行の魚住と原田のところに持ってきた。それが今日、熊本に届けられた。

永野原は、現在は熊本県阿蘇郡高森町に含まれるが、宮崎県高千穂町と県境をはさんで接する地域で、九州で最後まで熊が生息していたとされる祖母山の西麓にあたる山間の村落である。新兵衛は、この村の猟師であろう。旧暦の八月末は現在の一〇月中旬にあたる。江戸時代初期、祖母山一帯では周辺の村々の猟師鉄炮による熊猟が行われおり、冬眠前に栄養をたっぷり蓄えた熊が獲物となったというわけだ。

しかし、すでにこの時代でも、熊が獲れるのはありふれたことではなかったようだ。猟師新兵衛が獲物の毛皮、胃、油を細川家に上納していることが、熊のありがたさを物語っている。

毛皮の用途は想像がつくとして、胃と油は何に用いるのか。調べてみると、「熊の胃」とは熊の胆嚢のこと。乾燥させると胃腸薬として抜群の効能を発揮するという。現在でも「熊の胆《い》」の成分を含む漢方薬が商品として存在する。「熊の油」は皮下脂肪のことで、これは傷や火傷をはじめとする皮膚のトラブル一般に効く塗り薬として、現在でも重宝されている。

猟師新兵衛は、これらを郡奉行に上納し、郡奉行はそれを熊本に届けた。喜んだのは当時の藩主細川忠利その人だろう。小著『細川忠利 ポスト戦国世代の国づくり』（吉川弘文館）にも書いたが、この四年前に小倉から熊本に移った時点で、忠利は消化器系の病気を発症していた。小倉時代に彼が奉行に宛てて書いた手紙の中には、「薬にするので、生きた雄雌の狼の頭を切り落とし、黒焼きにして江戸に送ってくれ」などという、恐ろしい命令が記されているものさえある。

忠利はいわば〝健康オタク〟であった。養生のため、ありとあらゆる民間薬を手元に集めたのだろう。早死にするわけにはいかない。それは、戦国時代の社会的混乱を収束し「天下泰平」の秩序を確立しようとする、忠利自身の使命感に基づく態度であった。

ただ、熊の胃と油は、すべてが忠利に上納されたわけではないだろう。これらを求める人々は、武士たちにも、それに町人や富裕な百姓の中にもいたであろう。もとより猟師の生業《なりわい》は、獲物を商品化せねば成り立たないわけだから。こうして、商品交換関係が人間の欲望によって加速度的に拡大していく過程が江戸時代の九州、熊本で展開し、熊や狼は絶滅に追いやられた。こんな仮説を立てることができる。

そうだ、くまモン。何年か先に、「九州における人と自然の関係史」なんていうシンポジウムを開いてみたいと思う。永青文庫の豊富な歴史資料を解読し、確かな事実に基づいた会にしたい。地域社会学や理系の先生たちとも一緒にできたら、うんと楽しくなるだろう。その時はまた、応援に来てね。忙しいだろうけど、「熊本の熊の話」なんだからね！

四　細川家と天下人たち

古文書解釈のおそろしさ

永禄一〇年（一五六七）、濃尾を統一した信長が、自分が出す文書に「天下布武」の印判を捺し始め、天正一〇年（一五八二）に本能寺に斃《たお》れるまで使い続けたことは、よく知られている。

いままで「天下布武」の文言は、全国を武力によって制圧し統一する意と解釈されてきた。信長が室町幕府一五代将軍として足利義昭を担ぎ上洛したのは一五六八年。それに先立って信長は、早くも武力による全国統一を政治目標に掲げ、義昭に利用価値がなくなればすぐに追放して古い幕府を否定するつもりであった。そして実際に信長は予定どおり事を運び、一五七三年には室町幕府を滅亡させた。「天下布武」は、このような〝革命児〟信長像を象徴するスローガンだといわれてきたし、高校の教科書にも、はっきりそう書いてあった。

ところが驚くべきことに、信長の時代の「天下」の語は〝全国〟の意味ではなく、将軍のいる京都を中心に現在の奈良・大阪地域まで（「五畿内」）を指すのが一般的用法であったことが、ごく近年の研究で明らかにされたのだ（神田千里『織田信長』など）。永青文庫には信長の文書が五九通も伝来しているが、全国統一の展望もなく京都を敵に取り囲まれていた一五七三年二月、義昭との和平交渉に臨んでいた信長は、そのうちの一通で細川藤孝にこう伝えていた。

「将軍との和睦、すなわち『天下再興』が自分の本望だ」

将軍とともに五畿内の政治秩序を再構築するのが自分の政治目標だ、というのである。

戦国時代の室町幕府は、畿内の有力大名が歴代の将軍を担ぐことで安定を得たが、それはこの時代なりの政治スタイルであった。義昭を担いで京都で実権を握った信長も、じつはその例外ではなかったし、幕府体制のもとで「天下」＝五畿内の秩序を維持することは、最後まで彼の選択肢の一つであった。このように信長も、この時代の中央政治の常識的な枠組みの中に登場し、その踏襲も追求していたのだから、幕府滅亡は信長の政治プログラムに織り込まれていたわけではなく、権力闘争上の結果に過ぎなかったことになる。

〝革命児〟信長との評価は、結果論に基づくイメージに過ぎなかったのか。私たちは結果に合わせて古文書を読んでいないか……。たった一つの言葉の意味が、国民的歴史像までをも根底から覆してしまう。

古文書の解釈には、一瞬たりとも気を抜くことができないのである。

「未完の公儀《こうぎ》」織田信長

信長の時代の「天下」の語は〝全国〟の意味ではなく、領域的には将軍のいる京都を中心とした「五畿内」を指し、政治的には将軍を核とした伝統的な幕府体制を指すのが、一般的な用法であった。室町幕府一三代将軍の足利義輝は、こうした「天下」を拠点に、地方の国々を治める戦国大名たちに対して停戦令を出しはじめた。その後をうけ、永禄一一年（一五六八）に一五代将軍義昭を担いで入京した信長は、九州の大友・島津両家に次のような停戦令を書き送っている（大友文書）。

将軍のご意向である。和睦を最優先しろ。「天下之儀」に従うように。

大名どうしの領土紛争は私的な戦だが、将軍の「天下之儀」は公的な意向だから、それに従うべきだ、というのである。この時点の信長が、伝統的な将軍・幕府の畿内支配権である「天下」を否定していなかったことがよく分かる。

しかし、やがて信長は義昭と対立し、結果的に元亀四年（一五七三）義昭を没落させ、将軍の権威に頼らずに「天下」＝五畿内の支配を目指さざるを得なくなった。しかもその実現には、天正八年（一五八〇）に石山（大坂）本願寺を屈服させるまで、七年もの歳月を要した。

「天下」を平定したこの年、信長は大友・島津両家にあらためて停戦令を発した。

来年はいよいよ毛利攻めだ。大友と和睦して自分と昵懇にするなら、それは「天下に対する大忠」となるであろう。（島津家文書）

一二年前の停戦令と見比べてほしい。停戦実現のための新しいロジックは何も見られない。むしろ、将軍を失った信長の天下論は、ぼやけて説得力が低下しているようにさえ見える。こうした単発的な命令は、停戦合意の呼び水とはなり得ても、「天下」が象徴する公的秩序の全国への拡大・定着にはつながり得なかった。この停戦令からわずか二年後、戦線拡大に乗り出した信長は、明智光秀によって、あっけなく斃《たお》された。

この時代、五畿内の「天下」における公的秩序は「公儀」と表現された。信長はそれを全国に拡大・定着させるための手段を、武力行使以外にはついに提示できなかった。私が信長の権力を「未完の公儀」と呼ぶゆえんである。

明智光秀のコミュニケーション能力

明智光秀について考える機会が増えそうである。二〇二〇年のNHK大河ドラマ「麒麟がくる」の主人公は光秀だ。二〇一九年八月には、滋賀県米原市の市民歴史講座で、「天下布武と明智光秀」というタイトルで講演した。信長・光秀論を話したが、その主旨は、江戸時代に向かって進んでいた光秀らと中世のままであった信長との間に積もり積もった矛盾が、「本能寺の変」を引き起こしたというもの（本書九四～九九頁参照）。だが、安土城がある滋賀県は「革命児信長」説の本丸といえる。そこに「遅れた信長」説で乗り込んだのだから、勇気のいる仕事であった。

永青文庫細川家には、光秀の能力や地位を語る貴重な文書が存在する。まず、永青文庫に多くの光秀関係史料が伝わった事情について説明しよう。

光秀の出自が美濃国にあるのは、当時の記録からみて間違いない。だが、光秀の活動を具体的に示す初見の一次史料は、細川家老筋の米田家に伝来した医薬書で、それによれば永禄八年（一五六五）以前に、光秀が近江国高島郡の田中城（現高島市安曇川町）に籠城し、外科薬などを調合していたことが知られる。京都における一三代将軍足利義輝の暗殺、細川藤孝（肥後細川家初代）らに守られた足利義昭の近江への脱出という政情不安の渦中で、すでに光秀は京都と若狭・越前とを結ぶ交通動脈であった近江国の湖西地域に勢力拠点を形成していた。そして光秀は、永禄九年に越前に移った義昭のもとに出頭し、藤孝らとともに仕え始めた。

注目するべきは、「本能寺の変」の直後に、奈良興福寺の高級僧侶が日記に「光秀はもともと細川藤孝の下級家臣だった」と書いていることである（『多聞院日記』）。

西近江の実力者となっていた光秀と義昭との、そして光秀と信長との縁を結んだのは、若き細川藤孝であった。その後、信長は軍事的には常に光秀と藤孝をペアで行動させ、やがて光秀の軍事指揮権のもとに藤孝を位置付けるようになった。

このように、光秀と藤孝の関係は、彼らの政治史の表舞台への登場以前から織田権力の最終段階に至るまで、一貫して深いものであった。そのため、永青文庫細川家には、二〇通を超える光秀関係文書が伝来することになったのだ。

そのうちの一通、天正二年（一五七四）七月二九日、伊勢長島の一向一揆を攻めている信長が、大坂方面の一揆勢力を窺いながら鳥羽に在陣している明智光秀に出した書状に注目したい。文書の末尾には信長の「天下布武」の印がくっきりと捺され、宛名は「明智殿」とある。本文は、光秀からの大坂情勢の報告書への返事と、伊勢方面の情報で埋め尽くされているが、冒頭部分で信長は光秀にこう述べている。

大坂情勢に関する貴殿の報告は詳細、具体的で、まるで現場を見ているかのような感覚（「見る心地」）になる。

信長は、光秀の状況把握能力、それを表現・伝達する能力を称賛している。これは、最大限の賛辞だといわねばならない。
また、光秀の娘・玉（ガラシャ）と婚姻し、彼の婿となっていた細川忠興も、光秀について興味深いことを書き残している。光秀の死から四九年後の寛永八年（一六三一）、忠興は、子息忠利（光秀の孫にあたる）に宛てた書状（永青文庫所蔵）に、次のように記していた。

おまえが送ってきた書状の入った文箱の上に添付してあった札に、「無事之状」と書き付けてあった。おまえから書状が来ると、何事かとドキドキするが、こうしてくれると、まず札を見て安心できる。明智光秀殿は、いつもこうして文箱の上に書付を乗せて送ってこられたものだ。理にかなった方法だ。

同時代人がまざまざと語る光秀の卓抜したコミュニケーション能力。自分が相手にまず何を伝えるべきか、相手がどういう情報を求めているのか、それを的確に把握して表現する能力というのは、天性による部分が大きいと思う。
そのような能力に恵まれ、そうであるがゆえに信長に重用された光秀が、いったいなぜ信長を殺害し、また孤立無援の死へと逢着することになったのか？　日本史上最大の謎の一つに挑み続けたいと思う。

明智光秀の石垣

二〇一八年夏「永青文庫常設展示室開設一〇周年記念特別展 細川ガラシャ」が熊本県立美術館で開催された。熊本大学永青文庫研究センターも共催し、日頃の研究成果の一部を展示や図録、講演に少しでも反映できるよう頑張った。

ご存じのように、細川忠興の妻ガラシャは明智光秀の娘。「この機会に新しい明智光秀論を寄稿せよ」、というのが県美の担当者の方から私に課せられたミッション(?)であった。ここ何年か、信長や「本能寺の変」についての研究は百家争鳴の状況で、専門書から新書まで、多数の書籍が刊行されている。もちろんそれらは玉石混淆《ぎょくせきこんこう》ではあるのだが、「これは本腰を入れて勉強せねば」という焦りから、京都・丹波・丹後方面への調査旅行を自ら提案し、くだんの担当者や同僚たちと四日間の珍道中を繰り広げることに相成った。

「山崎の戦い」で秀吉に敗れた光秀が土民に首を取られたと伝えられる京都市伏見区小栗栖の「明智藪」。光秀が丹波支配の拠点とし、現在は宗教法人の本部となっている亀岡城跡。天正七年（一五七九）に光秀が攻略し、あの春日局がここで生まれたともいわれる丹波黒井城跡。細川藤孝・忠興父子が光秀の支援を受けながら支配に乗り出した丹後地方にたたずむ寺院や古文書。そして、彼らが目の当たりにした天橋立。じつに多くの歴史資料を閲覧し撮影することができた旅であった。

だが、わけても衝撃を受けたのは、天正七年から光秀が構築した丹波福知山城（現

丹波福知山城の石垣

京都府福知山市）の石垣だ。

写真を見ていただきたい。福知山城天守台の石垣である。光秀が積んだ当時のままの姿である可能性が極めて高いという。角石の一番上にきれいな箱型をした石があるが、紋様が彫り込まれているのが見てとれるだろう。これは墓標に用いられる「宝篋《ほうきょ》印塔《いんとう》」という石塔の基壇である。同じように、下から二番目の角石も整形された箱型で、梵字が刻まれている。これも墓石や卒塔婆に用いられた「五輪塔」の地輪である。そうして写真全体を見れば、この範囲だけでも一六もの石塔パーツや板碑が石垣に組み込まれていることが分かる。驚くべきことだ。

福知山市郷土資料館『新編 福知山城の歴史』に収録されている調査データによれば、天守台石垣には石塔パーツや板碑・石仏がじつに九四点も含まれているという。その中には年号が彫り込まれているものが一六点ほど確認されていて、最古は延文四年（一三五九）、最新は天正三年（一五七五）、つまり光秀による築城の四年前のものにまで及ぶのである。

光秀が信長に丹波平定を報告したのは天正七年一一月のことだ。光秀はその直後より、征服地福知山のあらゆる場所から石をかき集めて、この天守台を築いた。短期間に大量の石材を加工する技術が未熟な時代であったにもかかわらず、よほど急いだのであろう。そのため、多くの墓石等（加工済み石材）が組み込まれた類例を見ない石垣が積まれることになったのである。そもそも、中世の城は土造りだったのに、信長の時代から突如石垣が造られるようになった理由はなにか。じつはそれさえよく分かっていないのだ。

ただ、天正七年から八年にかけて、光秀がここまでして短期間で石垣を積まねばならなかった事情は、天正一〇年六月に彼が本能寺で信長を止めざるを得なかった理由と関わっているに違いない。展覧会図録の原稿締め切りとなるゴールデンウイーク明けまで、頭を悩ます日々が続くこととなった。

明智光秀から細川忠利へ

「細川ガラシャ」展（二〇一八年、熊本県立美術館）の展覧会図録には、光秀の業績と「本能寺の変」の歴史的意味について書いた拙文「明智光秀論」が収録された。また、これに先立ち小著『細川忠利　ポスト戦国世代の国づくり』（吉川弘文館）が刊行された。期せずして、人物にまつわる著作を相次いで発表することになったが、特に光秀・信長論については、どんな内容になるか、執筆直前まで皆目見当がついていなかった。

「時代に取り残された信長、江戸時代を先取りした光秀」。これが、やっとたどり着いた結論である。光秀や秀吉の権力の質は江戸時代にまで進んでいたが、信長は室町時代のままだった。当然、光秀らと信長との間には権力運営上のズレ＝矛盾が生じる。それが軍事動員をめぐって限界にまで行き着いた天正一〇年（一五八二）六月、光秀はズレたまま突っ走る信長を本能寺で止めたのではないか。

「時代に取り残された信長」というのは、おそらく読者の意表を突く結論であるが、例として、信長と秀吉が同じ細川家に領地を与えたときの文書（永青文庫）を比較すると分かりやすい。

【一五七三年 信長の公式文書の言い方】

細川藤孝（幽斎）に山城国の内の桂川から西の地を与えるので支配せよ。

【一五八九年 秀吉の公式文書の言い方】

細川幽斎・忠興父子に丹後一国一一万七〇〇〇石を与えるので支配せよ。その内の軍役は、忠興分が三〇〇〇人、幽斎分が一〇〇〇人の都合四〇〇〇人とする。無役高として忠興分二万四七〇〇石、幽斎分六〇〇〇石を保障する。

信長が領地として地理的範囲を指定するに過ぎないのに対して、秀吉は領地の範囲だけではなく、その経済的価値をも米穀の容量（石高）で示している。「加賀百万石」「肥後五十四万石」等として領地の規模を表す江戸時代の「石高制」と同じだ。さらに、領地石高に応じて、いざ戦争というときの細川家による軍勢動員義務となる人数＝「軍役」四〇〇〇人が規定されている。ただし、軍役は領地石高から「無役高」を差し引いた高に応じた人数として規定されている。この例だと、丹後一国一一万七〇〇〇石から無役高三万七〇〇〇石を差し引いた八万石が軍役負担高で、負担基準は、石高百石あたり五人となる。領地石高の三割近くにも及ぶ無役高には、細川父子と秀吉（豊臣政権）が軍役人数をめぐって重ねた交渉の結果が反映されているわけだ。

このように、秀吉と諸大名との関係は客観的数値に基づく領地保障—動員の契約関係であった。しかし信長と直臣大名との間には客観的基準がなく、それは「本能寺の変」前夜まで同様であった。光秀や秀吉たちは、かれこれ一五年間にもわたって、信長から基準なき軍事動員を受け続け、常に信長を満足させる結果を出さねばならなかったのである。まさに際限なき軍事動員である。

重要なことは、後の豊臣政権や江戸幕府につながる石高制による軍役基準の明確化を最初に始めたのが、信長直臣時代の光秀や秀吉たちであったことだ。とくに光秀は、「本能寺の変」のちょうど一年前には、みずからの家臣団と領地の百姓の軍事動員のために、石高制による厳格な基準を文書化し、領内で共有していたことが知られている。

光秀はなぜ江戸時代を先取りしえたのか。それを考えるには、石高制のもう一つの機能、すなわち村の石高が百姓による年貢や夫役の負担基準にもなった点が重要である。大名の領地石高は、その領内の村（百姓の自治共同体）ごとの耕地面積を確定し（検地）、それに一定の基準数値を掛け合わせて算出された村ごとの石高（村高）の総和として算定される。例えば、肥後熊本藩五四万石という領地石高は、領内にあったおよそ一〇〇〇の村の村高すべてを合計した数字であった。このように、すべての村に村高が付いたということは、その領内のすべての村と大名との間に客観的数値に基づいた年貢・夫役負担の契約関係が成立したことを意味している。

光秀や秀吉による領地支配の現場では、すでに村々から好き勝手に年貢（兵粮米）・夫役（軍夫）を徴収することなどできなくなっていた。光秀たちは、地域コミュニティーを拠点に自治的に成長してきた百姓らから客観的数値基準を設定するよう迫られ、村を基礎にした新しい社会制度を導入せざるをえなくなっていたのである。ところが信長は、こうした社会変動の蚊帳の外にあって、その基準なき権力行使の奔放さは、室町幕府の将軍と同じレベルに止まっていたのだった。軍事動員をめぐる両者の矛盾は、一五八二年に本能寺にて暴発した。「時代に取り残された信長」とは、このことである。

さて、もう一人の細川忠利（一五八六〜一六四一）。彼の母は細川ガラシャ、つまり忠利は光秀の孫である。彼こそ、光秀たちが先駆的に構築しようとした新しい社会制度・統治体系を定着させ、二〇〇年間以上も継続する江戸時代の長期平和＝「天下泰平」の基礎を確立した世代の、代表的な国持大名であった。忠利が統治者としての自己をいかにして形成し、豊前・豊後そして肥後の国主としてその後の歴史をどう導いたのか。それが前掲の小著の主題である。

光秀から忠利へ。二人の人物についての仕事が、期せずしてつながった。

「本能寺」後の構想は？

永禄一一年（一五六八）、政治史の表舞台に躍り出た織田信長。しかしその後の信長の活動は、ほとんどが五畿内＝「天下」の支配確立のために費やされ、地方の戦国大名たちと新しい関係を結ぶには至らず、結局は戦線拡大の泥沼に足を踏み入れる。天正一〇年（一五八二）六月二日、こうした信長の軌跡は京都・本能寺で明智光秀によって断ち切られた。

当時の古文書や記録を通覧すると、信長から最も信頼を得て重要な役割を果たしていたのは、明智光秀と羽柴秀吉であったことが実感される。天正一〇年の時点で光秀は、丹後の細川藤孝も含む畿内及び周辺の織田軍団を対象とした軍事指揮権を、信長から与えられていたほどであった。信長の戦争を止めて政策を修正することができる存在は、光秀をおいて他になかったといえよう。

信長なき後の光秀の政権構想を推測する手がかりとなるのが、「本能寺の変」のわずか七日後に光秀が細川藤孝・忠興父子に差し出した三ヵ条の「覚」（永青文庫蔵）である。その第三条で光秀はこう述べている。

「信長殺害は忠興などを取り立てる目的で断行したもので、五〇日か一〇〇日のうちに畿内、近国の情勢が安定したら、自分の子息や忠興の世代に畿内の支配権を引き渡すつもりである。決して他意はない」

姻戚関係にあった細川父子（忠興の妻は光秀の娘・ガラシャ）にだから言えた、光秀の本音ではないか。

この短い文面から推測可能な光秀の構想は次のようにまとめられるだろう。第一に、まずは畿内・近国の支配安定を実現すること。第二に、その支配権を次世代に移譲すること。

そして第三に、光秀自身は一体どうするつもりだったのか。引退するのではないとすれば、地方の戦国大名たちとの間に公的な新しい関係を構築する仕事に専念するつもりだった、とは考えられないだろうか。しかし、その具体的な方法がどう構想されていたのか、確かめることはできない。この直後、光秀は秀吉に滅ぼされてしまったのだから。

そのかわり、戦国乱世が信長の政治とは違う方法によって終息した事実を、私たちは、秀吉の政策から知ることができる。

豊臣秀吉の統一政策

明智光秀が織田信長を滅ぼし、光秀が豊臣秀吉に敗北した一五八二年当時、「日本国」は京都を中心とした室町将軍の「天下（五畿内）」と、地方の戦国大名たちが支配する「諸国」によって構成されていた。戦国大名たちは自らの「国」の「境目」をめぐって、周辺の大名と領土紛争を繰り広げていた。戦乱は激化の一途をたどったが、「天下」

の室町将軍はそれを規制する政治的手段と権威を失っていた。一六世紀が動乱の時代となったのはこのような事情による。そして信長も、こうした戦国時代の状況を克服することができずに、「天下」を光秀にとられ、それは秀吉に引き継がれたのであった。

では、秀吉の政策の特徴とはなにか。

天正一三年（一五八五）一〇月、関白となっていた秀吉は、島津・大友両家に直書を送り、「両家の領土紛争は、それぞれの主張（「互《たがいの》存分」）を聴取して裁判で解決するから、即時停戦せよ」と求めた（島津家文書）。大名間領土紛争への職権的介入である。秀吉のそれは停戦の要求と領土裁判権の行使とを組み合わせた点に独自の特色があり、わけても領土裁判権の職権的な行使は、たんに「天下に従え」と伝えた信長には見られないものであった（藤木久志氏）。

秀吉はこの直書の中で、自分の政策は天皇の意思によるのだと再三強調している。彼は領土裁判権行使の根拠を、法形式的には天皇に求めていた。成り上がり者の秀吉が、かなり無理をして関白となった理由の一つが、ここにあった。

天皇の政治権限行使を代行する関白。秀吉がその地位についた意図は、彼のブレーンとなっていた細川幽斎が著作「九州道の記」（永青文庫蔵）の冒頭で明記しているように、大名間の実力行使を「私の鉾楯」（私戦）に転化させて裁くための〝公的〟かつ形式的な地位づくりであった。新しい政策を「復古」の衣をまとって推進する。「王政復古」の「明治維新」に通じる、政治の力技である。

それだけではない。下級奉公人出身の秀吉は、自らの権力意思を島津家などに伝達するため、和歌の権威（「古今伝授」継承者）であった細川幽斎に直書への添状を書かせるなど、最大限に利用した。和歌集は「勅撰」といって天皇を選者とする。幽斎はそうした意味で天皇制に連なる最高の文化装置であり、文化的プライドを得たい戦国大名たちに秀吉の政策意思を浸透させる上で重要な役割を果たした。幽斎自身も政権における役割を自覚していた。茶の湯の利休も同様であった。

戦争から裁判へ――諸国境目における領土紛争の停止による全国統一の実現。そのための文化動員であり、秀吉の画期的な新しさであった。

でもちょっと待った！　名古屋生まれで九州に来たことさえなかった秀吉が、いったいどうやって紛争地帯の領土裁判を実現できたのか？　その謎を解くための古文書は、肥後国南部の戦国大名相良家に伝わっていた。

境界の証言者

天正一三年（一五八五）一〇月、豊臣秀吉は島津・大友両家に停戦と領土裁判の受諾を求め、翌年、停戦に応じた両家に対して、「国分《くにわけ》」と呼ばれる領土裁定案を示した。大友家はこれを受け入れたのだが、島津家は拒否して北部九州への侵攻を再開した。秀吉はこの段階で島津家「御誅罰」のためと称した九州出兵を断行し、天正一五年五月には降伏を申し入れた島津義久を「御赦免」して島津家を従属させる（島津家文書）。義久の降伏をうけた秀吉は、国や郡の境目を確定し、国分をやり直す作業に手を付けた。これこそが、秀吉の九州出兵の大きな目的であった。

天正一五年五月二七日、島津領内から水俣まで戻った秀吉は、「深見《(水)》三河入道」に次のような朱印状（相良家文書）を送った。相良家の重臣であった深水は、かつて相良家と島津家の境目の地・水俣の城代を務めた人物であった。

現在午後六時、水俣に到着した。明日には佐敷（現熊本県葦北町）へ移動するので、おまえも佐敷まで出てこい。おまえに肥後・薩摩両国の境目について詳しく尋ねたい。なお、水俣城はおまえに預けることにする。明日はくれぐれも確実に佐敷に出頭するように。

秀吉とて、〝魔法の杖〟で領土の線引きをなし得たのではなかった。戦国時代、国と国の境目は紛争と和平（領土協定締結）の繰り返しによって、変動していたのが一般的であった。秀吉は、大名どうしの領土紛争を凍結させるために、国境の領域秩序の〝歴史〟を深水のような地域領主を通じて調査把握し、それを踏まえるという方法をとった。いや、とらざるを得なかったのだ。この点で、秀吉の統一政策は、地域社会における紛争解決の歴史と強く結び付いていた。

しかしなお、島津家中には秀吉の国分案に抵抗する諸勢力が存在していた。豊臣政権は彼らとの厳しい交渉を展開し、国分案は一部修正された上で最終的に天正一六年八月までに執行完了して、江戸時代の島津領が確定されることになった。

以上のように、大名どうしの領土紛争を凍結させる秀吉の政策は、大名本領の総安堵（保障）を基本とする統一政策であり、境目に蓄積された紛争解決の「先例」に依存して実現されたのであった。そのためには、深水のような〝境界の証言者〟が必要不可欠であった。

さてさて、次は少し脱線してみます。秀吉の国分によって、肥後国から薩摩国に正式編入された地域で造られる焼酎との運命的な出会いの話――。

九州国分《くにわけ》と芋焼酎

二〇〇二年一二月、私は坂田聡（中央大学）、榎原雅治（東京大学）両氏と一緒に、中央公論新社「日本の中世」シリーズの最終巻として、『村の戦争と平和』なる書物を刊行する機会にめぐまれた。執筆のため、鹿児島県出水市での史料調査が必要になった私は、ＪＲ出水駅に一人降り立った。この年の夏のことであったと記憶する。昼間に出水市立図書館で古文書の調査を行い、駅前のビジネスホテルにチェックインした。調査の成果は上々だった。「さぁ、駅前で一杯！」という段になったが、居酒屋が一軒あるだけ。選択の余地はなかった。

主人夫婦がカウンターの中に立つ、その店の名は忘れた。だが、ずらりと並ぶ芋焼酎、一升瓶の赤ラベルは目に焼き付いている。銘柄は「島美人」。ほのかな甘みと芳醇な芋の香り、何ともいえないまろやかさ。それ以来愛飲しているのはいうまでもない。主人との会話で、「島美人」の「島」が、出水に程近い長島（現鹿児島県長島町）の地名にちなんだものであることも知った。長島産の芋だけを原料に、島の蔵元が共同で生産する焼酎である。

ところがその後のある日、私は職場の同僚から、古代・中世の長島が肥後国天草郡に属していたことを教えられた。それが薩摩国出水郡に正式に所属替えになったのは、どうやら秀吉の惣無事のもとで執行された九州国分《くにわけ》（本書一〇四～一〇六頁を参照）の時のことであったらしい。

調べてみると――戦国時代の長島には、長島氏という典型的な国境の地域領主がいた。長島氏は八代・葦北を領有する相良氏と出水を本拠とする島津薩州家との間で翻弄されながらも、いわば〝両属的〟な関係を構築し、領土紛争をしたたかに乗り切っていたようだ。しかし、織田信長が京都に進出したちょうどその頃、長島氏はついに島津氏に屈伏して、島は島津方の領有となった。

豊臣政権の国分は、こうした国境の歴史を前提に執行された。〝境界の証言者〟からの口証や提出文書をもとに、境目の領域秩序を裁定・保障して領土紛争を凍結するのが、秀吉による「天下統一」の基本政策であったのだ。もし戦国時代に島津氏による長島領有が実現されず、秀吉の国分が違ったものとなっていたら、長島に芋焼酎文化が根付いて「島美人」が造られることもなかっただろう。

晩秋の夜長、戦争と平和の歴史を反芻しながら、長島の焼酎を味わいたい。

細川三代と天下人たち

二〇一七年一一月初めの三連休の期間、熊本大学附属図書館では「第三三回貴重資料展 近世熊本城の被災と修復」が開催された。同大附属図書館と、私の職場である永青文庫研究センターとの共催である。その展覧会の準備と運営、三日には講演

「細川忠利の領国支配と熊本城」、それに五日には卒業生を大学に招待する催しである「ホームカミングデイ」の講演「細川三代と天下人たち」をこなした。正直言ってくたくたである。

五日の講演のために、織田信長、豊臣秀吉、徳川家康ら天下人たちから、藤孝（幽斎）、忠興（三斎）、忠利の細川三代に発せられた文書を、久しぶりに読み返した。信長に京都への進出時から仕え、江戸幕末まで続いた数少ない国持大名である細川家には、天下人たちの〝肉声〟を伝える多くの文書が伝来した。やはりそれらは面白い。今回は、慶長五年（一六〇〇）の関ヶ原合戦直後に徳川家康が細川忠興に宛てた書状を紹介しよう。

決戦直後の九月二三日、現滋賀県大津市にとどまっていた家康は、当時の領国であった丹後（現京都府北部）方面に戻っていた忠興に、次のように書いている。

急ぎ申し伝える。近江国（現滋賀県）北部の越前（現福井県）との境で、石田三成を生捕りにした。きっとおまえは満足することだろう。三成は明日にも自分がいる大津に連行されてくる。早くおまえに見せてやりたいものだ。

なんとも生々しい文面だ。関ヶ原合戦の直前の時期における忠興、三成、家康は、どのような関係にあったのだろうか。

秀吉死後の慶長四年、家康は三成派の武将が保持していた豊後国内の領知を突如削減し、そのうちの杵築領六万石を忠興に給与した。三成はこの頃、黒田長政ら反対派の攻撃によって居城の近江佐和山に一時引退していた。家康による三成派からの杵築領の没収と忠興への給与は、三成からみれば自陣営に対する露骨な切り崩し策にほかならなかった。

こうして、三成にとって忠興は、家康方を太閤様の遺志に背く賊軍に仕立て上げるための象徴的な人物となった。しかし三成の手紙を読むと、単なる政治的な意図を越えた忠興への憎悪さえ感じられる。ついに内戦の火ぶたが切って落とされた八月五日、三成は真田昌幸への書状（真田家文書）で、こう言っていたのである。

前の手紙にも書いたように、丹後一国は完全に我々の支配下に入った。忠興の父・幽斎は一命を助け、高野山に追放とする。忠興の妻ガラシャ（玉）と子は人質として身柄を確保するよう配下の者に命じたのだが、細川家の大坂屋敷の留守居の者が、自害するのだと勘違いして刺し殺し、屋敷に火をかけて果てたのだ。

大坂玉造細川邸におけるガラシャ非業の死について、三成自身が説明している。大坂屋敷にいた多くの家康方大名の妻子のうち、細川忠興の妻子を狙い撃ちしたのではないかという世間の噂に対して、弁明しているようでもあり、しかし「してやったり」との本音が滲んでいるようでもある。

こうして忠興と三成は、家康をめぐる政権運営上の対立過程で引き裂かれ、まさに犬猿の仲となっていたのだった。

家康は、両者の激しい遺恨や、三成がガラシャを自害に追いやった経緯も知った上で、わざわざ「生捕りにした三成を見に来い」と伝えたのではないか。家康が三成の生け捕りを伝えた書状は、忠興のほかに浅野幸長と池田輝政宛てのものが知られている。いずれも三成と激しく対立した武将である。個性派ぞろいの武将たちの人間関係を利用して、巧みに人を操りながら政権を築いた家康のしたたかさ。国家構想のレベルから一人一人の武将の心情にまで対応できる家康。やはり、ただ者ではなかった。

五　基礎研究からの発信

永青文庫守った旧藩士たち

熊本大学には、永青文庫細川家から五万七七〇〇点にも及ぶ歴史資料等が寄託されている。これらの史料は、明治四年七月の廃藩置県によって、いったんすべて県に引き継がれたが、その後、数次にわたって細川家側に返され、伝来したものであった。

熊大には、その間の事情を示す記録も寄託されている。それによれば、資料返還運動を展開したのは旧藩士たちで、早くも明治五年六月から始まっていた。県に移管された「藩庁の簿書類」は、すでに明治五年の段階から、民間へと売り払われ始めていた。こうした状況に危機感を抱いた旧熊本藩士らは、旧藩資料を県庁から「玉石を選ばず」に譲り受け、商人が所持している分も可能な限り買い上げて、熊本藩の政事の有り様を後世に伝えるため、目録の作成を開始した、というのである。

旧藩士たちは、運動に取りかかった動機を次のように記している。「熊本藩の政治は他藩の模範とされた実績を誇ったが、このまま資料の散逸を許せば、将来の『国史編集』上の損失は甚大となる」。彼らを動かしたのは、列藩の模範とされた熊本藩政の担い手としての、強烈な自負心であった。

ただし、県庁に移管されたすべての資料が、明治五年の時点で細川家側に戻されたわけではなく、相当数の資料が、その後も県庁で利用されていた。しかし、それらのうちにも、後に細川家側へと戻されたものがあった。熊本藩の地域支配の基礎台帳や絵図類であり、そのうち千四百点ちかくが熊本大学に寄託されている。県から細川家側に返却された時期は、地方自治法が施行されてこれら資料が過去の物となった明治二〇年代以降であろう。

藩政時代の資料が県庁において一定期間利用されていたという事実自体が、近代行政の成立を考える上でじつに興味深いのだが、細川家の場合は、そうした資料さえも明治後期に回収されて散逸を免れた点は、特筆に値する。

歴史学者として、歴史資料の保全のために力を尽くした無名の人びとの業績に、思いを致したい。細川家に限らず、残るべくして残った歴史資料など、どこにもないのである。

畳の上の御奉公

秀吉の政策が画期となって長期平和が続いた江戸時代、武士たちは戦士からいわば〝行政マン〟への変貌を迫られた。永青文庫には、彼らの勤めぶりを示す古文書が、多数伝えられている。

一六二〇～三〇年代の藩主細川忠利の時代、激務に晒されたのは「惣奉行」であった。忠利の側近のうちで特に能力が高く、信頼あつい人材のうちから数名が任命されたこのポストは、現在の組織体に例えれば、総務部長といったところか。奉行組織全体を統括する役職で、就任一年ほどで過労死した者も出たほどの激務であった。

しかし、江戸時代の組織はよくできていた。惣奉行は通常は数年で交替したし、職務に精を出した侍には、数十日の休暇を申請する権利が与えられていたのである。所定の様式の申請書に休暇の理由・目的と期間を明記し、同僚のうちから立てた保証人の捺印を得て、惣奉行に宛てて提出する。申請書は藩主忠利のもとにまで上げられ、決裁される。永青文庫には多数の休暇申請書が伝来しているが、忠利は、ほぼ例外なく休暇を許可している。休暇の目的は他国の親戚への面会とならんで湯治が多く、湯治の理由としては脚気や痔ろうの治癒のため、というのが目立つ。「畳の上」の御奉公は、戦場でのそれに劣らず辛かったのであった。

寛永五年（一六二八）三月、田屋治部右衛門という侍は、次のような休暇申請書を提出している。彼は知行一五〇石取り、細川家臣としては平均的な階層に属する者であった。

私の弟は大坂で町人をしていますが、キリシタンになってしまいました。身柄を拘束されて厳しい取調（「穿鑿《せんさく》」）を受ける前に、私が大坂に出向いて説得し、改宗させたいのです。そのために三五日間お暇をくださされるよう、殿様に上申してください。

惣奉行から申請書を見せられた忠利は、自ら筆を取り、裏面に次のような決裁文を書き入れ、申請を許可した。

説得に行った本人がキリシタンになることなど決してないよう、惣奉行の責任でよくよく徹底させてから、大坂に発たせること。

数ある休暇申請書の中でも、この文書は私の目をひと際強く引き付ける。

禁教令のもとで拷問を伴う穿鑿にさらされるキリシタン町人。彼を案じる細川家臣の兄。改宗説得のための大坂行を支持して藩主に取り次ぐ同僚たち。そして、家臣のキリシタン化を危惧しながらも大坂行を許可する藩主忠利。禁教政策の強化という特異な時代状況のもとで生きた彼らの営みが、生々しく絡み合う。そのさまが一通の休暇申請書にみごとに集約されている。

これだから、古文書研究はやめられない。

古文書と先人に敬意

気の重い四月だった。最近の大学は業績主義に支配されていて、年度の変わり目には、各教員が一年間に発表した論文の数を大学に報告し、新年度の計画を立てなければならないからだ。論文数によって研究分野の「教員個人評価」がなされ、さらに学部ごとの合計数によって、熊本大学の文学部はよくやっているとか、ここの学部は少ないから駄目だとか、そうやって各学部そして大学全体が、国から「評価」されるのである。よくマスコミで目にする「大学ランキング」も、こうした大学評価の数値を参考にしている。

それにしても、評価対象が論文の「内容」ではなくて、主として「数」であるとは、嘆かわしい限りだ。これを「数量的業績主義」と呼ぼう。そのもとで研究者は、若い頃から一本でも多くの論文数を稼ぐために身を削る。先人の学説や調査成果をじっくりと検討した労作が出てこなくなってしまった。

しかも、評価されるのは論文＝研究業績だけではない。市民向けの講演や新聞等への寄稿の「数」も、「大学による地域貢献の実績」の根拠として評価対象になるのだ。ちなみに私自身は昨年度、熊本県内外で一七回講演していた。新聞寄稿は五本。熊本地震以降、数が増えている。

「数量的業績主義」は、いまや大学だけのものではない。小泉政権以来、構造改革と官業効率化政策が体制的に推進されたことによって、あらゆる組織や団体に浸透している。私の場合も、大学教員だけとでなく国の機関や地方自治体の学芸員の方々と一緒にシンポジウムに参加するケースが急増しているが、みなさん相当な数の講演等をこなしておられるようだ。

そんな状況に身を置いていて、最近気になって仕方がないことがある。引用資料の出典を明示しなかったり、自分が前提としているはずの先行研究を明記しなかったりする講演や読み物に出くわすことが、少なくないのだ。

歴史学の研究方法は、先人の研究成果の検討をつうじて仮説を立て、それを古文書等の歴史資料によって証明するという、仮説と実証の組み合わせで成り立っている。これは科学一般の方法でもある。先行研究を参照せねば、そもそも仮説＝着想を得ることができないのだから、どこまでが先人によって明らかにされたことで、どこからが自説のオリジナリティーなのかを明確に示さないと、論文であっても市民向け講演であっても、成立しないはずだ。さらに、仮説の証明根拠に用いた資料の出典を明記しなければ、読み手・聞き手は原資料にたどり着くことができないわけだから、その論文なり講演なりの内容を客観的に検証することは不可能になる。それでは科学として失格である。

こういう意味で、出典明記は学術に携わる者の姿勢として基本中の基本である。だから私も学生時代に専門の学問と出合って以来、この点を厳しく指導されてきたし、教員となってからは、口を酸っぱくして繰り返している。市民向けの講演や読み物だからといって、基本姿勢までもが軽視されていいはずがない。

こうした風潮の背景は学生を指導していて実感する。インターネット環境の脱希少化による意識の低下である。ネット上に溢れかえる出所不明確な情報を機械的に受用することを繰り返すために、本来の調査発信者を尊重しようという態度が急速に薄れているのだ。しかし、私たちの学術までもが、こんな環境に慣らされてはいけない。

「数量的業績主義」が蔓延する中で学術の方法を守れるかどうかは、歴史学という一分野に即していえば、私たちが古文書や先人にどれだけの敬意を払えるかにかかっている。突き詰めれば、それは歴史学に携わる者一人一人の人格の問題である。

永青文庫の古文書にしても、それを未来に伝えようと努力してきた多くの先人によって現在まで守られ、古文書に歴史を語らせようと一通ずつ調査研究してきた先輩研究者たちの努力によって活用できるようになったのだ。最低限、古文書と先人へのリスペクトを持とう。私自身も、もう一度肝に銘じて、仕事を進めていきたい。

「一国史観」を外してみれば

二〇一九年の夏、「日本遺産認定記念 菊池川二千年の歴史—菊池一族の戦と信仰」と題する展覧会が熊本県立美術館で開催された。

阿蘇外輪山南麓に発する菊池川の流域は肥沃であり、古代から穀倉地帯として発展した。たとえば江戸時代に大坂米市場へと移出された「肥後米」は常に高値を維持したが、それは菊池川流域で栽培・収穫された米であって、熊本藩が徴収する年貢米のうち、同地域の米は大坂市場で高い人気を誇る商品米に特化したスペシャル・ブランドであったことが知られている（高槻泰郎氏）。菊池米を大坂に搬出する菊池川河口の玉名高瀬港も、戦国時代以来おおいに発展した。

本展覧会は、二〇一八年に同地域の歴史文化的要素が「日本遺産」に認定されたことを記念して開催されるのだが、その目玉は江戸時代よりも昔、菊池（隈府）を拠点に平安時代後期から大きな勢力を築いた中世武士団・菊池氏の歴史である。私は展覧会の図録で「室町・戦国期の菊池氏権力」という論稿を担当し、一〇連休の大半をその執筆に充てることとなった。

菊池氏といえば、「南北朝の動乱」の過程をブレずに南朝方として通し、九州の南朝政府である征西府を主宰する懐良《かねよし》親王を支え、大宰府に進出して一大勢力を誇ったことで有名である。後醍醐天皇に協力して鎌倉幕府に反旗をひるがえし、あえなく敗死した菊池武時は菊池神社の主祭神になっているし、大宰府征西府を支えた菊池武光が室町幕府軍と大合戦を展開した後、その太刀を小川で洗った故実は、福岡県大刀洗町の地名として今に伝わっている。菊池市隈府の中心部にある菊池公園にそびえる銅像も、武光である。

一五世紀の菊池氏は、足利幕府の覇権のもとで肥後国の守護職に任命されている。だが、肥後国阿蘇郡には阿蘇神社の大宮司である阿蘇氏がおり、益城郡までを支配していた。八代郡にはやはり後醍醐天皇を支えた名和長年の子孫である名和氏、さらに球磨・芦北郡には鎌倉時代以来の相良氏が勢力を張っていた。

守護菊池氏の支配領域は菊池、山鹿、玉名の三郡からせいぜい熊本あたりまでで、肥後国の北西部に偏っており、一国の守護職でありながら一国を支配できなかった。こうして菊池氏はついに一国の戦国大名になれずに衰退したので、肥後の戦国時代は「ひちゃかちゃ」でよく分からなくなった。大分の大友宗麟のような英雄も出なかった。そこに清正公《せいしょこ》さんがやって来て混乱を鎮め、すばらしい熊本城をつくった。そこから肥後の歴史は良くなります！

このように、菊池氏の輝かしい一四世紀と、さえない室町・戦国時代という地域史イメージは、ヒーロー清正登場の前史として、熊本の人々に刷り込まれているように思える。かく言う私自身も、室町時代の菊池氏はそんなものだろうと考えてきた。

ところが、今度の原稿を書くために意を決して勉強してみて驚いた。じつは菊池氏は、一五世紀半ばに筑後国の守護に任命されているのだ。隈府を本拠に、かつて大宰府に進出していた菊池氏は筑後国の土着の武士勢力とのつながりが深く、そのような者のうちには、筑後国守護であった大友氏に従わない勢力も多くて、室町幕府も実情を認識し大友氏にかわって菊池氏を守護に任命していた時期があったのだ（中村知裕氏）。しかも菊池氏と筑後の勢力との密接な関係は、戦国時代にも継続していた。室町・戦国時代の菊池氏は、肥後の脆弱な守護大名としてではなく、肥後北西部から国境を超えて筑後までを勢力下においた個性ある地域権力として理解できる、というのが今度の論稿の結論である。

どうやら、室町・戦国期の菊池氏についてのよく知られたイメージは、いわば「肥後一国史観」によるものであったようだ。肥後北西部と筑後との歴史的文化的関係は意外に深い。一見自明と思える「国」のような制度の枠組みを外すと、意外な歴史像が見えてくる。天皇代替わりのイベントを横目に、あらためてそんなことを考えた一〇連休であった。

小倉城天守閣のリニューアル

二〇一八年一一月、京都の舞鶴市に二泊三日で出張し、細川藤孝・忠興が地元の寺院に領地を与え、境内の山林竹木を保護するために出した貴重な文書を調査した。舞鶴市の計画どおり、これらの文書が市の重要文化財に指定された暁には、市民にその内容を詳しくお伝えする講演を担当することになる。そのためにはまず、調査の成果についての報告書を執筆せねばならない。

ところが、そうこうしているうちに、次の仕事が舞い込んできた。北九州市の小倉城天守閣内部の展示等リニューアルへ、アドバイスを求められたのである。

みなさんは、細川家が小倉藩主だったことをご存じだろうか。織田信長に取り立てられた細川藤孝は、初め京都近郊の現長岡京市にあった勝龍寺城主として山城国乙訓郡（京都の桂川から西の地域）を支配し、その後、天正八年（一五八〇）に丹後国に移った。さらに、息子忠興の代になって慶長五年（一六〇〇）、関ヶ原合戦の功により豊前小倉藩三九万九〇〇〇石へと栄転。忠興は小倉の地に本格的に築城し、三男の忠利に家督を譲る元和七年（一六二一）まで城主であった。現在の小倉城天守閣は昭和三〇年代の鉄筋コンクリート再建天守だが、天守台などの見事な野面積みの石垣は、忠興による築城時のものである。

小倉城の管理団体からの依頼は、天守閣内部に忠興の書状の複製品を展示したいので、候補作品を推薦してほしい、というものだ。永青文庫には、忠興が忠利や孫の光尚に宛てた書状が二〇〇〇通近くも伝来しているが、小倉城主だった時代のものは数が限られている。忠興のキャラクターや小倉城の様子が窺われる書状をいくつか紹介してみよう。

慶長五年九月一六日の関ヶ原合戦で奮戦した忠興。その七日後に、江戸にいた忠利に宛てた書状には次のようにある。

今度関ヶ原方面にて一戦に及び、敵を悉く切り崩し、数千人を切り捨てた。自分も首二百余りを討ち取った。丹後の領地に異変はなく、すでに幽斎とも対面した。

関ヶ原での武功を誇った忠興の生々しい書状である。忠興と石田三成は犬猿の仲であったから、天下分け目の合戦にかける忠興の意気込みは並大抵ではなかった。この戦功は家康に高く評価され、細川家は大幅加増されて豊前に移り、小倉城を造ることになったわけだから、天守に展示するにはうってつけの一通だと思う。

次は元和元年（一六一五）五月七日申ノ下刻（午後五時）、大坂夏の陣の現場で、しかも大坂城の天守が炎上して豊臣家が滅ぶさまを目の当たりにしながら、忠興が自筆で認めた書状だ。小倉を発して大坂に向かっていた忠利と松井興長をはじめとする重臣たちに宛てたものである。

急ぎ申し遣わす。大坂城はたった今、すべて片が付いた。おまえたちが大坂まで来る必要はなくなった。この手紙を読んだらすぐにそこから小倉へ引き返して、国元の備えに専念せよ。

同日には忠利にこんな手紙も書いている（原文のまま）。

大坂御城御天守、今日申ノ下刻ニ火かゝり、不残御果候、一時之内ニ天下泰平ニ
成候事、

大坂城の天守が目の前で焼け落ちていく。豊臣家はここに滅びた。忠利たちの着陣を待つまでもなく、内戦の要因はあっけなくも除去され、「一時のうちに天下泰平が実現された」、というのである。時代を象徴する名文句というほかない。このとき忠興の脳裏には、「本能寺の変」の直後に細川家督を継いで秀吉に仕えてから三〇年間に及ぶ苦難の道のりが、走馬灯の如く駆け抜けていたに違いない。

もう一通、元和四年（一六一八）四月朔日付の忠利宛書状も紹介しておこう。江戸の様子はどうだ。九州では年明けから大雨が降り続き、洪水となって、小倉城も中津城も土手や石垣、塀、それに溜池の石堤などにいたるまで、ひどく破損してしまった。将軍の側近を通じて復旧工事の許可を取ってくれ。

巨大な石垣を有する城を地震や大雨の被害から守り、維持するのは、多くの大名にとって並大抵のことではなかった（後藤典子『熊本城の被災修復と細川忠利』熊日新書）。小倉城と忠興も例外ではなかったのである。

推薦する書状はこれだけあれば充分だろう。どれが選ばれたとしても、見学者に小倉築城時代の様相を印象深く伝えてくれるはずだ。

文化財・史跡の指定と基礎研究

歴史学者の端くれとして研究を生業《なりわい》にしていられる幸せを、ふと感じる機会がある。本書収録の「モグラの正月」（二三～二七頁）を読まれた方から、「お正月返上で論文を書く苦労は、本当に大変ですね」、と声を掛けていただいた。とっさに、「いやぁ、好きでやっていることですから、辛いと感じたことはありませんよ」、などと返答している自分がいた。

ただし、昨今の財務省主導の大学行政は私たちに論文の本数を要求し、達成できないと大学運営費を削減するなど、えげつない統制をかけてくる。納得できる調査成果に基づいて、本当に書くべきことを書くのが「学問の自由」のはずだ。本数を強制するのは本末転倒で、そんなふうに無理にやらされるのはきつい——何年か前、よく通《かよ》っていた大学の近くの居酒屋で、大将にそう愚痴ったことがあった。

いや、先生は幸せですよ。ご自分のお好きなことを仕事にされているわけですから。私なんか、この年になっても、いまの商売が本当に自分のやりたかった仕事かどうか、わからないんですからね。

元ボクシング選手だという大将は、そう言って遠い目をしていた。そのときは酔いが回っていて聞き流したが、数か月後、大将ががんで急に旅立たれたと知ったとき、この言葉に頭を殴られたような気がしたものだ。「好きでやっていることですから」と、自然体で言えるようになったきっかけの一つである。

もちろん、学界での劣等感や、嫉妬に起因する面倒な感情など、コントロールが難しい要素は克服できるはずもなく、辛いと感じることがないわけではない。だが、自分たちの基礎研究が世の中の役に立ったと知ったときには、そんな気分も吹き飛んでしまう。

二〇一九年一月三一日、熊本県文化財保護審議会は、関ヶ原の戦で細川忠興が着用したとされる具足《ぐそく》（甲冑）などを県重要文化財に、一七世紀初めに造られたと推測される農業用水路「馬場楠井手の鼻ぐり」（菊陽町）を県史跡に指定するよう答申。三月の県教育委員会で正式決定された。

前者は、忠興が実戦経験をもとに考案した簡素で機能性に優れた具足で、後の細川家当主や家臣の具足のモデルとなった重要資料である。私も審議会委員としてこの具足に関する熊本県立美術館学芸員の方からの説明を聞いたのだが、熊本大学に寄託されている永青文庫の古文書の中に、この具足を厳重に管理していた状況を記録した史料や、修理の記録などが伝わっていて、それらが具足の価値を裏付けるものとして紹介されていた。こうした古文書・古記録こそ、私たち永青文庫研究センターのスタッフらが長年かけて作成した目録に登録し、出版紹介してきた歴史資料にほかならない。そのデータが文化財行政担当者らに共有され、重要文化財の指定に活用されているのだ。

農業用水の通称「鼻ぐり井手」は、白川流域の水田を灌漑する「馬場楠井手」の取水口から約一・六キロのところにある、岩盤を加工した独特の構造物で、熊本県民の間では加藤清正が水田開発のために造った施設として知られている。しかし、この説は江戸時代後期になって確立したものであって、清正が造ったことを証明できる客観的な歴史資料は確認されず、築造時期の確定が史跡指定のハードルになっていた。

清正伝説を打ち破ったのは、加藤家が一六〇三年に、そして細川家が一六三五年に作成し、現在は熊本県立図書館に保管されている土地台帳であった。菊陽町の検討委員会が二冊を比較してみると、現在「馬場楠井手」の農業用水を受けている江戸時代の南部村《なべ》にあたる地域の畑が、この三〇年ほどの間にことごとく水田に転換されていたことが判明したのだ。状況証拠ではあるが、「鼻ぐり井手」の築造年代を示す決定的なデータであり、これによって「鼻ぐり」は、一七世紀初めに造られた貴重な水田灌漑施設として県の史跡に指定されることになったのである。

基礎研究がいかに大切か、その成果がいかに公共的な役割を果たしうるのか。今回の答申はそのことをあらためて教えてくれるとともに、そんな研究を仕事にできる幸せを再認識させてくれる機会ともなった。目先の損得勘定で研究の内容をふらつかせるのではなく、次世代における豊かな文化世界の実現に資するような価値観を大切にしながら、ブレずに仕事を続けていこう。そう思いを新たにした審議会であった。

熊本城御天守奉行のお仕事

最近、熊本城について書く機会が増えた。「熊本日日新聞」の担当欄で、二の丸芝生広場の震災後の活用法と、天守閣の「早期復旧」方針について、熊本市の姿勢に対して率直な意見を述べた（本書一九〇～一九七頁）。

熊本市と市長が意欲を見せる天守閣へのエレベーターとスロープの設置も、論点の一つとして取り上げた。熊本市の復旧方針では、国特別史跡熊本城の「幕末期など往時の姿」への「完全復元」を目指すとしているのだが、城の中心に位置する天守へのエレベーター等の設置は、これと矛盾するように思う。

このエレベーターは障がい者用とも高齢者用ともいわれているが、江戸時代の侍たちは天守内をどのようにして昇り降りしていたのだろうか。永青文庫の厖大な古文書を見てみると、じつは江戸時代の天守内には籠城用の武器や、米や銀などの物資が大量に収蔵されていたことが分かる。鑓《やり》や鉄炮は油断するとすぐに錆び付いて使い物にならなくなるし、物資もほったらかしにはできない。そこで細川家では、「御天守奉行」

と呼ばれる担当者を置いて、管理を徹底していたのだ。

細川忠利から光尚への代替わりの時期にあたる寛永一八年（一六四一）八月、奉行所の記録「奉書」に次のような興味深い記事があるのを、いつもの如く、同僚の後藤典子さんに教えてもらった。現在の役所でいえば総務部の幹部職員にあたる惣奉行衆が、御天守奉行の人事について記録したものだ。

いままで御天守奉行は安場仁左衛門、矢嶋平三郎、林隠岐の三人が務めてきた。しかし、このうちの林隠岐は高齢になり、自分の足で天守を昇り降りするのも叶わなくなった。これでは御用も満足に務められないので、林に替えて和田清太夫を任命するべきである。清太夫の親・伝兵衛は長く奉公に出精した。その息子であり、その上、こまごまとした職務をこなす能力もある。すでにこの人事案については家老衆の了承も得ているので、殿様の了解を取った上で早速任命するべきである。

永青文庫の奉行任命記録によると、林隠岐は寛永九年（一六三二）までの細川家小倉藩主時代にも、小倉城の御天守奉行を務めていたことが分かる。その頃、若き林は働き盛りのバリバリで、天守の内部をスイスイと昇り降りし、武具の手入れと物資の管理に多大な業績をあげたと思われる。時の藩主細川忠利は林の実績を買い、すでにベテランの域に達していた彼を熊本でも引き続き御天守奉行に登用したのだろう。しかし、それから約一〇年が経ち、忠利は死去し、新藩主光尚のもとで、林自身も若くて優秀な後輩にその天職を譲ることになったのだった。

何ともシビアな現実で身につまされるが、永青文庫の別の記録によると、御天守奉行を免じられた林は熊本城内の門番職を希望して叶えられたという。城を守る御用に命を懸けてきた老兵の意地であろうか。

御天守奉行は体力と事務能力、それに道具の手入れや物資管理に必要な人員を束ねる統率力が求められる要職であった。林隠岐は天守を自力で昇り降りする体力を失ったとき、その職を解かれた。天守は籠城用の要塞であって、誰にも優しい展望台ではなかったのだ。

エレベーターとスロープの設置に賛否両論があるのは承知している。しかし、それらの設置によって、二一世紀の熊本城天守閣が本来の姿からますます遠ざかることは、客観的な事実である。

要は、熊本市民がどちらの天守閣を望むかだ。読者のみなさんは、どんな天守閣をお望みですか?

古文書に歴史を語らせる

永青文庫研究センターでは、二〇一八年度から、熊本大学所蔵の「松井家文書」の目録作成事業に取り組んでいる。

松井家といえば、細川家の第一家老として知られ、八代市立博物館未来の森ミュージアムで開催された展覧会「ザ・家老 松井康之と興長」(二〇一八年)は記憶に新しい。数々の古文書や天下人から拝領した武具それに茶道具。これらの文化財を所蔵管理しているのが八代市に設置されている一般財団法人松井文庫だ。

永青文庫研究センターが調査しているのは、松井文庫所蔵の古文書とは別に、一九五七年(昭和三二)に熊本大学に移管された三万数千点に及ぶ文書群である。現在までの調査成果によれば、松井文庫所蔵の文書群が天下人や千利休ら茶人、それに細川家当主などから届けられた書状で占められ、いわば松井家の御家の宝であるのに対して、熊大所蔵のそれは、松井家の細川家老としての職務遂行の過程で作成蓄積された文書群である点に特色があることが分かっている。文書の上限は、初代家老の康之から二代興長への実質的代替わりがなされた慶長一五年（一六一〇）、以降は幕末まで綿々と続く。代表的国持大名の極めて貴重な家老文書群であり、寡聞にして類例を知らない。

さて、この調査の過程では大きな発見がいくつかあったが、『熊本日日新聞』等で既報のように、加藤清正が名古屋城天守台の石垣を一人で構築した事実を証明する一次史料が初めて確認された成果が特筆される。

歴史研究の根拠に用いられる文献史料には、リアルタイムの文書・記録と後世の編纂物とがある。後者には編纂者の主観や意図が入るため信頼度が落ちるので、二次史料と呼ばれる。この文書は、慶長一五年に小倉藩主細川忠興から名古屋城の普請現場に派遣されていた細川家の担当奉行三名が、名古屋城普請の諸大名による分担プランの全体を国元の家老衆に伝えた報告書の原本（四月一八日付、縦三一・八センチ、横一九四・九センチ）。主観や推測の入る余地がない一次史料である。

名古屋城は、成立したばかりの徳川幕府が細川家や加藤家を含む西日本の諸大名家を動員して築城した。並みいる諸大名のうちで、清正が名古屋城天守を築いたことは、名古屋にある作成年不明の絵図や後世の編纂物等によって語られていたが、一次史料の発見は初めてである。

文書のタイトルは「名古屋御城御普請衆御役高ノ覚」。「御普請衆」とは幕府から名古屋城石垣等の工事に動員された諸大名、「御役高」とはそれら大名の工事受け持ち規模の基準となる石高を意味する。タイトルに次いで、こう記されている。

　　御天守
　五拾壱万九千八百九拾石　賀《（加）》藤肥後守
　坪数千弐百九拾七坪　大石・栗石共ニ御請切

天守台石垣一三〇〇坪の普請は、清正（役高約五二万石）が石垣表面の大石と裏込めの栗石ともに、単独で担当したのである。本丸の天守以外の普請が細川忠興を含む七名の大名で、また二の丸が一一名で分担されているのに比べ、清正の地位は際立っている。

このように本文書は、清正（慶長一六年没）が構築した石垣の完成形態として、名古屋城の天守台石垣が絶対的な基準性を有する事実を確定する史料である。天守閣木造再建問題に揺れる特別史跡名古屋城の今後の管理や整備にも資する、大発見だ。

ただし、私が読者のみなさんにお伝えしたいのは、本文書の発見が「松井家文書」熊大移管からじつに六二年目の「大発見」であったことの意味である。厖大な一次史料の内容は、じつはかなりの部分が未解明なのである。

一次史料の内容を解読して目録をとるのは難しい仕事である。私でも午前九時〜午後五時で作業して一日一〇点が精一杯だ。三万点以上の目録などいつ完成するのか？よほどの覚悟をもって基礎研究を推進しなければ、「死蔵」状態の一次史料に歴史を語らせることなどできない。いま、短期的な成果主義に基づく評価制度でがんじがらめにされている大学にとって、息の長い基礎研究への取り組みを可能とする環境をいかにして確保するかが、たいへん大きな課題になっているのである。

江戸社会 描きなおす呼び水

熊本大学永青文庫研究センターの設立一〇周年を記念した展覧会「細川家と『天下泰平』」が二〇一七年一二月から、東京都文京区の永青文庫で開催された。公益財団法人永青文庫（東京）と熊本大の研究センターの共催。二〇〇九年四月に発足した研究センターは、近世大名細川家の確立期にあたる戦国期から江戸初期までの歴史資料について研究を重ねてきた。一八年四月に一〇年目の節目を迎えるにあたり、その研究成果の一部を公開する展覧会で、激動の時代に生きた細川家や地域の人々の生の声を、原史料四四点を通して堪能することができるものであった。

出品史料のうちでひと際異彩を放ったのが、熊本地震による被災家屋の中から見いだされた「築山《つきやま》家文書」だ。被災者の所有資料を対象とした「文化財レスキュー事業」によって、熊本市内から数百点に上る同家の資料が救出されたが、それらと別に、江戸時代初期の細川家臣・築山兵庫保春《ひょうごやすはる》らに宛てた細川三斎（忠興）や忠利の書状が二〇通以上も同家に伝来していたことが分かった。驚くべきことに、すべてが未知の文書であった。

築山家は異色の細川家臣だった。同家の由緒書によれば、中世の築山氏は山城国乙訓《おとくに》郡築山（現京都市南区久世築山町）を名字の地とする武士で、室町将軍に仕え、桂川の水運拠点・淀の水垂《みずたれ》（同伏見区淀水垂町）にも所領を持っていた。やがて織田信長のもとで水垂に程近い勝龍寺城を本拠に乙訓郡一帯を支配したのが、三斎の父である細川藤孝（幽斎）だ。藤孝夫人の実家沼田家と姻戚関係にあった築山氏は、藤孝の重臣の一人となった。このころ細川家に仕えた松井・米田・有吉・沼田といった畿内及び周辺の武士たちは、細川家が京都から丹後、小倉、熊本へと移るのに付き従い、肥後細川家の家老になった。ところが、彼らの同僚であった築山兵庫は、細川家臣のまま淀に残る道を選択した。こうして築山家は京・大坂の結節点である淀の屋敷を拠点にしながら、九州大名となった細川家の家臣として、じつに幕末まで活動し続けた。知行地は肥後国内にあったが、終始一貫、淀を動かなかったのだ。

出品された築山兵庫宛ての細川三斎書状二通と忠利書状一通は、いずれも一六三〇年代のもので、淀築山家の細川家に対する固有の役割を示す貴重史料だ。

役割の第一は、細川家への政治的奉仕である。将軍家光の上洛に際して、忠利は簗山兵庫から上方での情報を得るとともに、上洛に従う忠利自身の淀での着替え場所や、川船を調達してもらっていた。

第二は、経済的奉仕だ。大坂市場の米価や、それに大きな影響を与える旱魃、大雨、あるいは上方の地震や北陸の大火に関する情報も、兵庫はいち早く三斎や忠利に伝えていた。

第三は文化的奉仕。兵庫は宇治の一流茶師である上林味卜《かんばやしみぼく》や竹田紹清《じょうせい》に三斎の書状を取り次いでいた。上質の茶を調達するためだろう。利休七哲の一人として著名な三斎の九州での茶の湯を支えたのも、簗山兵庫であった。

第四は、細川家姻戚である公家の飛鳥井《あすかい》家や烏丸《からすま》家の領地からの年貢徴収業務を請け負うなどの経営支援である。

簗山兵庫は淀城主松平家とも通じ、伏見にも蔵屋敷を構えて、これらの活動のバックボーンとしていたが、その前提には畿内の河川流通と商取引の拠点である淀で室町期以来つちかってきた人脈があった。九州大名細川家の政治・経済・文化にとって、京・

大坂における簗山家の働きは、頼みの綱であった。

江戸時代、武士は戦国期までの本拠地から切り離されて大名家の家臣＝兵となり、本拠に残った者は百姓身分＝農になったという。こんな教科書的「兵農分離」の常識に捉われ、私たち研究者も簗山家のような存在を想定すらしていなかった。しかし、遠国の大名家が三都とのつながりを維持するためには、大名家の公的組織の外側で、中世以来の独自の社会関係を基盤に現地で暗躍する家臣が必要だったのだ。「淀土着の細川家臣簗山家」の「発見」は、江戸時代の社会像を大きく描きなおす呼び水になるかもしれない。

熊本地震後の資料レスキュー活動によって見いだされた画期的な内容の古文書を、永青文庫研究センターの節目の展覧会に出品できたのは、この上ない幸運であった。

六　災害と歴史学

被災史料を守れ

熊本城の惣構《そうがまえ》のことを書いた（本書一六三～一六五頁）のは、花見の頃だった。それからわずか二週間で、城全体があのような姿になるとは、想像だにしていなかった。

二〇一六年四月の熊本地震の後、永青文庫の古記録を職場の同僚後藤典子さんに調べてもらった。細川家小倉時代の寛永二年（一六二五）、奉行所の記録にこんな記事が見つかった。

六月一七日の夜に肥後で大地震が発生。熊本城内の建物は天守をはじめとして壊滅的な打撃を受け、城中の死者は五〇人、煙硝蔵から火災が発生して大爆発を起こし、八〇〇メートル四方の建物を吹き飛ばした。石垣も崩れた。重臣たちの屋敷も被災した…。

今度の熊本地震と変わらぬ大惨事である。熊本城にこうした被災の歴史があった事実をみなさんにも知ってほしい。このとき、城主加藤家は幕府と協力して熊本城を見事に修復した。現在の管理団体である熊本市には、中長期的な価値観をもって取り組んでもらいたい。

ところで、寛永の大地震直後の時期の永青文庫の古文書には、城内や御殿に「地震屋」と呼ばれる避難所が設置検討されたことを示す記述が出てくる。藩主が地震で落命したら一大事。特別な構造をもった建物だったのだろう。大名家の危機管理である。「地震屋」には人だけでなく、御家の宝とされた文物や、統治のための重要文書なども避難させたと考えられる。だからこそ、永青文庫にはこれだけの歴史資料が伝えられたのだろう。歴史資料を現代に遺した力は、それを後世に伝えようという意志を持った人々の営為の積み重ねにほかならない。そして、永青文庫の資料群は今回の熊本震災をも無傷で乗り越え、歴史を未来につないだ。管理機関である熊本大学附属図書館の日頃の備えの賜物である。

だが、歴史資料は国や県の指定文化財だけではない。じつは今回の震災で、多くの民間所有の未指定の文化財が被災し、消滅の危機に瀕している。地震直後の四月二六日、私は志を同じくする熊本の仲間とともに「熊本被災史料レスキューネットワーク」を立ち上げ、代表を引き受けた。活動内容は古文書をはじめとする未指定文化財の保全。具体的には、被災家屋からのレスキューや一時保管、被災文化財の最低限の修復などである。

地方の旧家が所蔵する古文書なども、大名家のものと同様に、先人たちの努力によって現代に伝えられてきた貴重な歴史資料だ。熊本の地域の成り立ちを示す、いわば熊本のアイデンティティーである。それが瓦礫《がれき》とともに消えていくのを座視するわけにはいかない。数えきれない先人たちの意志を、私たちの世代で絶やすことにもなってしまう。

熊本で飯を食う歴史学者の「私にできること」。読者のみなさんの周りに、濡れたり汚れたりして捨てられてしまいそうな古文書などがありましたら、ご一報下さい。

地域史の試練に直面して

熊本地震以来、民間の歴史資料のレスキュー活動に携わっている。旧家の古文書だけではなく、文化財一般の被災状況の中でも極めて深刻なのが、墓地の現状である。先日、史料レスキューの仕事で新町方面に出掛け、高麗門外の横手地区に立ち並ぶ古寺院群の墓地を見て、思わず息をのんだ。寛永期(一六三〇年代)に建立された加藤・細川重臣たちの墓石をはじめとして、ことごとく倒れている。建立以来、約四〇〇年が経過している熊本市内でも最も古い墓石群である。やはり今回の震災は、私たちの日常感覚を大きく超えた時間的スケールのもとで起きたのか。そう実感させる光景である。

武士たちの墓石ばかりではない。震災で最も大きな被害が出た地域の一つ、西原村。私は二〇一〇年に刊行された『西原村誌』で「戦国時代の西原」の章を担当し、この地域を何度となく歩いた経験をもつ。西原には中世の古文書は一点もなかったが、戦国時代のことを書くには困らなかった。一六世紀の半ばに西原地域の住民たちがそれぞれの集落内に共同で次々と建立した石碑が、二〇基以上も現存しているからである。板状に加工した石材に文字や図像を彫り込むことから、こうした石碑を板碑《いたび》と呼んでいる。

板碑には、建立年月日、建立主体となった地域コミュニティー（村落）の名称、建立理由、数十名に及ぶ村人男女の法名などが刻まれている。板碑を建てた戦国の村落は、江戸時代の村へとつながり、さらには現在の大字単位の自治会の組織へと引き継がれる、地域住民の自治組織であった。

明日をも知れぬ戦国時代、成立したばかりの村の住民たちは協力し、生前に自分たち自身の供養を行い、僧侶から法名をもらい、現世と来世の安穏（平和）を祈り、その共同法要（生前供養）のモニュメントとして、板碑を建立したのであった。こうした板碑は、現在にまでつながる地域コミュニティーの歴史の始源を示す、貴重な文化財である。

しかし、活断層が通る西原では、今度の震災を契機に集落単位の集団移転さえ検討されているという。戦国時代に成立した地域コミュニティー五〇〇年の歴史が、いま試練に直面しているのだ。

村の歴史の始源を語る板碑の現状をこの目で確認することを、まずは自らに課したい。その作業は、自然災害の長い波動の中で人間活動の歴史的意味をどう捉えるべきかという、私自身の歴史認識の座標軸そのものを点検する機会になると思う。

「島原大変、肥後迷惑」の実像

熊本育ちの読者の方なら、表題に掲げた「島原大変、肥後迷惑」をご存じのことと思う。寛政四年(一七九二)四月一日、有明海を襲った火山性地震と、それによる雲仙普賢岳眉山からの火砕流とが相まって発生した津波による大災害を指す。島原の有明海を挟んだ対岸に位置する肥後国の沿岸地域が津波の被害に遭ったことを、「迷惑」と表現した言い伝えである。

永青文庫細川家文書に、この時の雲仙、有明海、肥後国沿岸の被災状況を描いた絵図が伝わっている。火を噴きながら崩壊する普賢岳、荒れ狂う火砕流、流木や倒壊家屋の屋根につかまったまま流される被災者。そして肥後国沿岸に押し寄せる津波……。写実的ではないが、災害のリアリティーを生々しく伝える図柄である。絵図には説明文が書き込まれている。職場の同僚の後藤典子さんに解読してもらうと、島原側の被害をこう描写していることが分かった。

「四月一日の午後六時すぎ、強い地震とともに眉山頂上から麓まで一気に崩壊した。山水が出て、島原城下に海からも津波が押し寄せ、城下の町屋を悉く押し流した。死人・けが人は数知れず。海手の山が沖に押し出され、海上に小山がおびただしくできた。城下の死者・負傷者は二万七〇〇〇人を超えた」

この絵図を描いたのは「陵霄軒」と名乗る人物。島原から肥後国の長洲（現熊本県長洲町）に逃げてきたお坊さんや、熊本藩への現地からの報告等をもとに作製したという。災害の実情を後世に伝えようという強い意志が感じられる。

さて、「肥後迷惑」の実情はどうか。この絵図の描写によれば、肥後国の玉名郡から宇土半島北岸に至るまで、津波が押し寄せたことは確実である。じつは永青文庫細川家文書には、このうち宇土半島北岸地域の災害復興に関する詳細な記録が遺されている。その記録とは、文化年間の「覚帳」。熊本藩の地域支配にあたった部局「郡方《こおりかた》」のもとに蓄積された行政資料の綴りである。それを見ると、宇土郡長浜村（現宇土市長浜町）では、じつにこの津波で男女合わせて三九〇人もの溺死者が出たとされている。

それよりも驚くべきは、この「覚帳」が作成された文化一二年（一八一五）の段階で、津波の前年に五〇〇人いたとされる同村の住民数が、二四八人までにしか回復していないという事実である。これが「肥後迷惑」の深刻な実態であった。

この時すでに津波から二〇年以上。江戸時代においても、災害復興には長い時間を要したのだ。この間、そしてこの後、長浜村地域では復興のためにどのような取り組みが継続されたのだろうか。次項ではそのことを紹介してみよう。

大災害からの復興と現在

「島原大変、肥後迷惑」で宇土半島北岸地域が甚大な津波被害を受けたこと、熊本藩奉行所内で地域支配にあたった部局「郡方」のもとに蓄積された行政資料の綴り「覚帳」（永青文庫蔵）に、被害の実態が記録されていることを書いた（本書一四八～一五〇頁）。加えて文化一三年（一八一六）の「覚帳」には、被災から二〇年後の復興政策の立案過程も記録されている（吉村豊雄氏）。

興味深いのは、復興政策の原案が被災地域の側で立案され、藩の担当部局である「郡方」へと提案されていることである。

この当時、熊本藩には現在の大字にあたる「村」と「郡」との中間に「手永《てなが》」と呼ばれる五〇余りの行政区画があり、手永には「会所」（役所）があって、地域出身の会所役人と藩から任命された惣庄屋《そうじょうや》によって運営されていた。津波被害が大きかったのは、郡浦《こうのうら》手永の三角浦村（現宇城市）と長浜村（現宇土市）であった。「覚帳」には、これら二村の復興計画を詳細に書き上げた郡浦手永惣庄屋郡浦典太の上申書の原本が綴じ込まれているのだ。

上申書は、三角浦村と長浜村の復興推進への藩からの助成を要求したものであった。村外の高利貸のもとに渡ってしまった耕地の権利を取り戻す費用。借金利子返済費用。

家屋等の新造費用。牛や農具の購入費用。漁船の新造・修理費用。漁具の購入費用。荒地開墾費用。さらに商売の元手銭……。これら一つ一つが、具体的な数値根拠を明示しながら要求されているのである。復興政策は、この原案をもとに藩庁「郡方」内で調整されて決定され、郡浦手永との再度の調整を経て執行された。津波以来二〇年の間、復興は遅々として進まなかった。しかし三角浦村と長浜村の住民たちは決してあきらめず、この復興政策の実施によって被災を乗り越え、村の歴史は現在までつながっているのである。

江戸時代に社会的再生産を支えたのは、〝究極の地方自治〟であったと言わねばなるまい。

それにしても今日(二〇一六年七月三一日)、『熊本日日新聞』の一面見出しには、「農業人口初の二〇〇万人割れ」とある。一九九〇年に四八〇万人を超えていたわが国の農業人口は、二五年後の今日、じつにその四割にまで激減しているのだ。

熊本をはじめとする地域社会の現状は、歴史的な視野のもとで見たときに深刻さが浮き彫りになる。農業、漁業、林業を生業に戦国時代に成立し、戦争や自然災害に対処しながら持続してきた五〇〇年の歴史は、いま最大の試練に立たされているのである。

震災と復興のメモリー

三月の中旬頃は、「今年（二〇一七年）の桜は早いかな」と思わせるような暖かさだったが、その後、寒が戻り、二五日の卒業式には間に合わなかった。熊本大学着任から一八年目になるが、染井吉野の開花前の卒業式というのは、初めての経験であった。

そうこうするうち新年度に突入。仕事の上では再出発の四月となった。私が所属する永青文庫研究センターは、二〇〇九年四月に文学部附属の研究施設として設置されたのだが、この四月からは文学部のもとをはなれ、熊本大学内の独立センターとして改組されたのだ。職務上の責任はますます重くなるが、より多くの研究テーマに取り組めることにもなろう。

再出発と時を同じくして、早くも日頃の研究成果を市民に向けて発信する機会に恵まれた。展覧会「震災と復興のメモリー@熊本」。熊本県立美術館で開催され、永青文庫研究センターも主催に加わっている。「メモリー」とは、過去の震災と復興の在り様を現在に伝える歴史資料のことだ。

県立美術館とは過去にも「細川幽斎展」や「信長からの手紙展」を共催した経験があるが、今回の展覧会には特別な思い入れがある。前年に起きた熊本地震は、永青文庫研究センターと私の研究計画をすっかり狂わせてしまった。なぜなら、被災直後から、江戸時代の熊本地域における地震等の災害を記録した歴史資料を、厖大な永青文庫資料の中から検索し、検討する作業を継続することになったからだ。

「歴史家魂」を突き動かされたとでもいうべきか。江戸時代初期の大地震による熊本城の被災、その修復のあり方、それに寛政四年（一七九二）の島原普賢岳前山の崩壊による肥後大津波。今度の展覧会は、熊本地震以後に私たちが史料調査で流した汗の結晶である。その気になって探してみると、じつに多くの震災関係史料の存在が浮かび上がってきた。今度の展覧会では、こうして見いだされた多くの震災関係史料を惜しげもなくつぎ込んだ図録も刊行された。一人でも多くの方々にご覧いただきたい。

地震や津波の史料を読み、玉名郡から宇土郡までの沿岸部にいくつも残る江戸時代の津波石碑をめぐりながら、二つのことを考えた。

一つは、日本史研究の役割について。熊本地震「本震」の直後、気象庁の担当者は、「震度七の地震が立て続けに起きたのは経験則にない。だからこれからどうなるか分からない」、と記者会見で明言して、私たちを恐怖のどん底にたたき込んだ。彼の言った「経験則」というのは、近代の観測技術が整ってから後に蓄積されたデータに基づくものであって、ごくごく短期間のものでしかない。それ以前の地震データは気象庁には存在しないのである。この一年間、永青文庫の地震関係史料を読むにつけ、例えば熊本の江戸時代初期の地震の揺れ方が、今度の熊本地震のそれとそっくりに語られていることが実感できた。被害の様相や復旧のあり方も含め、前近代の地震記録は歴史資料の中にこそ存在するのだ。

日本列島が地震活動期に入ってしまったいま、歴史資料上のあらゆる地震関係情報を集め、理系の研究者と共有するべくデータベース化し、予知研究に供することが、日本史研究者が総力をあげて取り組まねばならない喫緊の課題になっていると思う。

いやむしろ、日本史研究だけができる社会への貢献だといえよう。

もう一つは、災害の記憶ほど失われやすいものはない、ということだ。明治二二年（一八八九）の熊本地震について、市民的な記憶は皆無だったといってよい。

しかし、寛政四年の大津波の被災地に建立された石碑の中には、子孫に向けて被災の教訓を伝える文章を彫り込んだものがいくつもある。被災地の住民や熊本藩の役人たちは、災害の教訓を記録化して何百年も先の未来に伝えるため、津波石碑を造立していたのである。まさに「災害の歴史化」である。

私は、災害の記録は若い世代にこそ伝えねばならないと考える。そのために、この展覧会の図録を中学校の副読本用にリメイクしてはどうだろうか。本気で提案しようと思っている。

気象災害の歴史学

今年（二〇一七年）もはや六月初旬、梅雨の季節が目前となった。

北関東出身の私が二〇〇〇年に熊本に着任して驚いたのが気候の厳しさだった。わけても高温多湿の梅雨は、東国育ちにとってはきつい。連日朝から土砂降りの大雨も珍しくなく、それでいて気温は三〇度超え。害虫のサイズは特大、その運動神経はオリンピック選手級だ。「他所から熊本に来た人は梅雨時から夏に体調を崩すケースが多い。熊本の夏場はクーラーなしには乗り切れないよ」。外来者を心配する同僚の忠告に誇張はなかった。

外来者といえば、江戸時代の大名も本来は大半がよそ者であった。加藤清正は尾張の人。細川忠利は丹後（現京都府北部）生まれで江戸で成人し、小倉藩主を経て細川家初代の熊本藩主となった。その後歴代の細川家当主は、多くが江戸育ち。江戸で家督を継いで新藩主の地位を将軍から認められ、初の「御国入り」をとげるのが通例であった。

細川忠利が熊本に転封となったのが寛永九年（一六三二）。それから程なく、寛永一三年六月一八日付で筑後国柳川藩主の立花忠茂に宛てて書いた手紙は、熊本の気候の厳しさを生々しく伝えている。原文のまま引用してみよう（本書二〇頁も参照）。

あまり暑候而、花畠御座候而それニ居申候、何と被成候哉、此国者春中雨繁候て、何もかもくさり、百性いたミ申候事非大方候、就其侍迷惑仕候、夏をくらし申心あて皆違候而、金銀在之者さへ迷惑仕候間、増而其外者可被成御推量候、

（『大日本近世史料 細川家史料』二〇―三〇七三号）

忠利は忠茂に次のように吐露している。あまりの暑さに、自分は居所である花畠屋敷でじっとしていますが、あなたはどうお過ごしですか。この国（肥後）は春中にずっと雨が続いたために、作物は何もかも腐ってしまい、百姓の疲弊ぶりは並大抵のことではありません。そのせいで家臣たちも困窮しています。夏を生き抜くための心頼みが、すべてくるってしまいました。金銀を貯め込んでいる富裕層さえ困窮しているのですから、その他の階層の状況は容易に想像がつくでしょう。

旧暦の六月一八日は、ほぼ現在の八月初めにあたる。この年の熊本は、すでに春から雨季に入って梅雨時まで降り続け、麦をはじめとする夏の収穫物を壊滅させた。夏麦が不作の場合、秋の収穫まで穀物が欠乏してしまうから、小百姓や下級武士階層は飢餓の端境期を迎えることになる。さらにこの年の場合、夏の暑さも尋常ではなかっ

た。やはり『大日本近世史料』に収録される同年一一月段階の忠利の手紙によると、秋の収穫つまり稲作の方も、虫害によって大減収になったことが知られる。記録的な長雨から高温状態への急激な気候変化が、ウンカやカメムシなどの害虫を異常発生させたのだろう。

それにしても、忠利の「此国者春中雨繁候て、何もかもくさり」という表現は、江戸育ちの忠利が肥後の長雨・大雨に対して抱いた辟易とした感情を、包み隠さずに伝えているように思われる。しかし、農作物への被害は肥後に限ったことではなかったようだ。この頃は、「寛永の大飢饉」と呼ばれる全国的飢饉の時代であったからだ。

いま、地球温暖化への国際的な枠組みであるパリ協定からのアメリカ・トランプ大統領の脱退宣言が世界の注目を集めている。大統領の主張の一つに、温暖化の真偽の問題がある。そのことを判断する能力やデータを私は持たないが、いつの時代でも異常気象や気候変動が民衆生活ひいては政治のあり方にまで巨大な影響を与えてきたことは、多くの歴史資料に明らかだ。寛永一三年の長雨、旱魃、虫害は、翌年の島原・天草一揆の直接的原因の一つとなるし、「寛永の大飢饉」が幕府に民衆支配の基礎の見なおしを迫ったとする学説もある（藤田覚氏）。

この一年、震災を経験した私たちは、地震史料の発掘と検討を通じて多くの知見を獲得し、それらを減災・防災に活かすことができるという確信をも得た。同様に、歴史上の気象災害の実態を現在に伝える歴史資料を解析しデータ化することは、現実と向き合う歴史学にとって、大きな課題なのである。

七　歴史学とメディア

「船場狸」の謎

「肥後熊本」「船場狸」と聞いて、「肥後の毬つき歌」を思い出す人は多いだろう。関東育ちの私も子どもの頃に覚えた。いまでは江戸時代の個人と地縁組織との関係をよく示す民謡として、講義の題材に使うこともある。

〽あんたがたどこさ　肥後さ　肥後どこさ　熊本さ　熊本どこさ　船場さ　船場山には狸がおってさ　それを猟師が鉄炮で撃ってさ……

江戸時代に旅先で「どこから来たの?」と聞かれたなら、「肥後国阿蘇郡〇〇村のものです」という具合に、町や村といった自分の属する地域コミュニティーまでを答えねばならなかった。江戸時代の「村」や「町」の組織は、現在の地域自治会の組織の大元となっている場合も少なくない。

ところで、熊本城下町の西側・新町の入り口にあたる船場橋の上に立っても、毬つき歌の「船場山」にあたるような山はどこにも見あたらない。じつは二〇一六年三月一九日に放送されたＮＨＫの人気テレビ番組「ブラタモリ」にゲストで出演した折、このことが話題になった。ロケは新町の船場橋付近で行われた。

永青文庫細川家文書の中に何種類もある江戸時代の城下町絵図によると、現在の新町全体が堀と土塁に囲われていたことが分かる。新町には武家屋敷もあったが、多くが町人地であった。城郭本体や武家町だけでなく、町人の町をも囲う堀や土塁などの防御施設を「惣構《そうがまえ》」という。

惣構は戦国時代に急速に発達した。鉄炮の伝来等によって大規模化した軍隊に大勢の雑兵が入り込み、敵地での女性や子どもの掠奪が大規模に発生するようになった。敵軍の掠奪から城下町の民衆を保護することが、城主たる大名の責務となったのだ。

近年の発掘調査の成果を見ると、新町の惣構は、天下分け目の関ヶ原合戦の直前に、加藤清正によって作られた可能性が極めて高い。九州で家康方についたのは加藤家と黒田家のみ、熊本城下町は敵に取り囲まれていたのであった。

船場を含む新町の惣構の土塁は三～四メートルもあって、草木が繁茂していた。これが「船場山」の正体であろう。

番組収録の現場で、看板タレントの森田一義氏がこう言った。

「狸」という字は獣偏に里と書くでしょう。狸は意外と人里に出没するんだよね。そう、さすがタモリさん！　町と土塁が一体化していたからこそ、「肥後の毬つき歌」に狸が登場するのだ。

しかし、かつて戦国動乱にさらされた新町の人々にとって、「船場山」は自分たちの生命を守る山として意識され続けたのではないか。この歌は、そんな城下町の歴史を暗示しているのかもしれない。

忠利も驚いた熊本城の惣構《そうがまえ》

NHKテレビ番組の「ブラタモリ」で、熊本城下の新町を取り囲む「惣構」を紹介した。前述したとおり、それは戦時の人身掠奪から城下町住民を保護するための施設であり、関ヶ原合戦の直前に加藤清正によって構築されたものであった。

じつはこの惣構の様相について、同時代人の貴重な証言が伝わっている。

その人は、熊本藩主細川家の初代・細川忠利である。将軍家が徳川秀忠から家光へと代替わりした寛永九年（一六三二）、九州では加藤清正の子息加藤忠広が、熊本藩主を改易されるという大事件が起きる。加藤家改易は、家光新政権の目玉政策であった。そして同年一〇月四日、忠利は江戸にて小倉から熊本への転封を命じられ、一二月九日、熊本入城を果たした。

熊本入城の翌一〇日に、忠利は江戸にいた嫡子六丸（後の細川光尚）に宛てて、自筆で手紙をしたためている。初めて見る熊本城の様相を息子に伝えたい忠利は、書記官をさえぎって、自ら筆を取ったのだ。手紙の原本は永青文庫に伝えられているが、その中に次の一節が見える。原文のままである。

我等十二月九日ニ熊本へ入城申候……事外ひろキ圍にて候、城も江戸之外ニハこれほとひろキ見不申候、

昨日熊本城に入った。「圍」はものすごく広い。江戸城の他には、これほど大規模な城も見たことがない、というのである。本丸や二の丸、三の丸によって構成される「城」の規模とともに、忠利は「圍」のスケールの大きさに驚嘆した。忠利の書いた「圍」という字はめったに使われない漢字だが、「かこい」と読む。城下町を囲い込む堀や土塁、すなわち「惣構」のことである。

やはり熊本城は稀にみる巨大城郭であった。徳川が潰したくても潰せない薩摩の島津家や、海外勢力が出入りする天草・島原との接点に位置したことが、これに深く関わっている。しかし私が興味をそそられるのは、江戸時代初期の代表的な国持大名で

あった細川忠利が、「城」とともに「圍」の様相に着目して熊本城全体を把握していた事実である。

この原稿を書いている時点（二〇一六年三月）で、熊本城内は花見の酔客が狂喜乱舞の有様だ。ここは宴会場ではなく国の特別史跡だった筈では？　国史跡＝城内の観光利用一本槍で突き進む熊本市の文化行政を象徴する光景である。しかし、私たちは忠利のように、城内と城下町を一体のものとして見据えたい。そのとき「熊本城」は、歴史上の姿により近いスケールで立ち上がってくるに違いない。

真実と物差し

熊本大学永青文庫研究センターが設置されて今日まで、永青文庫細川家資料の総目録作成などの基礎研究を推進し、展覧会などを通じて、その成果を市民に還元することに努めてきた。

永青文庫の歴史資料が有名になり、総目録の完成によって厖大な史料の中から特定の事項を簡単に検索できるようになったためか、ここ数年、テレビ番組の取材を多く受けるようになった。NHKのテレビ番組「ブラタモリ」のように外に出るロケは稀で、多くが熊本大学の附属図書館内でリポーターの方とやり取りしながら古文書を解説する類いのものが多い。

福岡のテレビ西日本からも取材申し入れがあった。一六二〇年代に細川忠利が現在の福岡県行橋市辺りで山葡萄《やまぶどう》を原料にワインを作らせていたことを示す興味深い古文書が永青文庫にある。それを解説付きで収録させてほしいとの依頼である。永青文庫研究センターのオリジナルな調査成果を公表する機会にもなると考え、多忙ではあったが引き受けることにした。

さて、いざ当日、撮影に臨んでみると、担当のリポーターは同局のスポーツキャスター池田親興《ちかふさ》氏であった。

ご記憶の方も多いと思うが、池田氏は一九八五年に阪神タイガースがバース・掛布・岡田のクリーンアップで日本一に輝いたときのエースだった方だ。西武ライオンズと対戦した日本シリーズの第一戦での完封劇は、野球少年であった私の目に焼き付いている。その当時、池田投手は「球界のマッチ」とも呼ばれていた。マッチといっても火をつけるあれではない。当時のジャニーズ事務所のトップアイドルの愛称だ。その頃の池田氏は、ルックス、髪形ともマッチ風だったのである。

あれから三〇年以上経って私の目の前に現れた池田氏は、身長一八〇センチを超える、元スポーツ選手特有の堂々たる体格であった。挨拶もそこそこに、私の方から「野球選手だった池田さんですよね」、と切り出したためか、収録は自然と馬が合い、心地よく進んだ。池田氏も、「今日はたいへん勉強になりました。放送は熊本では見ることができませんが、後日ＤＶＤをお送りしますね」と、ご機嫌に見えた。

放送日から数日後、約束通りＤＶＤが届いた。だが、やはりどうしても見る気になれなかった。私は、古文書の価値を社会一般に広く知ってもらうために、それが良質な企画であれば出演も可能な限り引き受けるようにしている。しかし、オンエアはなるべく見ない。画面に映る自分の姿に気が滅入るからだ。とくにひどかったのが昨年の「ブラタモリ」。自分はこんなに太っているのか……。ほとんどトラウマである。

ところが、池田氏と一緒のＤＶＤを見た同僚が、「先生、今度はとても良く映って

います よ！」と言う。あまりにしつこいので、仕方なく見てみたのだが――なるほどな、と腑に落ちた。

池田氏はもと一流のプロ野球選手。身体は身長一七〇センチの私よりひと回り以上大きい。周囲の情景から切り取られた画面の中で池田氏と私とが並ぶと、相対的に、私の身体も顔も小さく見える。タモリ氏の場合はその逆だ。彼の身長は一六一センチと公表されているし、実際にお会いすると、たいへん小さくスリムな方であった。

私たちは、ある事物の特徴をじつは何らかの〝物差し〟によって把握し、それを〝真実〟だと認識していることが多い。厄介なのは、自分の意思とは無関係に物差しが変わってしまうことだ。歴史資料を分析するにも、この点についての自覚がないと、対象の周囲を堂々めぐりということになりかねない。

結論は、私のテレビ映りは、物差しがタモリ氏か池田氏かでまったく異なるということ、すなわちそれは真実を反映するものではないから、必要以上に気にしても仕方ないということ。そして、「認識の相対性」を心に留めて古文書研究に取り組むべきだということだ。

というわけで、これからもメディアでの発信に努めることになりそうだ。

歴史学者の書く本

二〇一八年五月、俳誌『阿蘇』の原稿は、締め切りを大幅に過ぎてしまった。言い訳ではないが、毎年ゴールデンウイークには仕事がいくつも重なってしまう。ところが、「これは連休中にじっくり時間を取って取り組もう」と考えてしまう仕事ほど、難しいものが多い。今年いちばんきつかったのは、書き下ろしの著書の校正だ。

歴史学者が研究の成果を公表する一般的な手段は論文の発表だが、その媒体は大抵、学術雑誌である。学会が発行している会誌、大学が発行している紀要など、じつに多くの雑誌が存在するが、論文一本の分量は四百字詰原稿用紙で四〇～八〇枚といったところだ。じっくり構想して論証も確実に運んだ論文を年に一、二本。これが理想的な仕事量である。このペースで研究を一〇年続ければ、必然的に大作が一〇本以上蓄積されることになる。それらを一冊の論文集にまとめて出版し、学界で評価と批判を受けることによって、次の研究課題が見えてくる。一〇年一冊。これが歴史学者のあるべき研究スタイルだ。もちろん、一〇本の論文がてんでバラバラでは一冊の研究書になるわけがないから、いつも中期的な研究計画を念頭に置いた論文執筆が求められる。それなりにハードである。

もう一つの成果公表の手段は、一般読書人向けの書籍出版である。いま書店に出向けば、歴史書は新書から大きな本まで書棚に溢れている。学界の外に向けて、学術論文スタイルではなく誰にでも分かりやすい文体で研究の最前線の成果を発信する。魅力ある仕事に違いない。

私も、そうした一般向け著書に取り組むことになった。拙著『細川忠利　ポスト戦国世代の国づくり』(二〇一八年七月刊行)がそれである。四〇〇字×三〇〇枚の書き下ろし。先に述べたとおり、ふつう私たちが書く文章は長くても八〇枚程度だから、この分量ともなると、表現のブレ、細かい論旨の矛盾、類似の記述の繰り返しなど、原稿にはいくつもの小さな問題が生じてしまう。それらを一つ一つすり合わせる校正は、かなり骨の折れる作業である。

もちろん、こんな苦労もいらない本の作り方はある。一冊の本の中をいくつものトピックで構成するようなやり方だ。書店に溢れる歴史書の多くが、その手のものだ。営業的にも、一話一話が短くてそれぞれ完結し、その都度読み切ることができるトピック集スタイルの本の方が売れるそうだ。世の中のすべてが短期的なスパンで回っている現代の読書スタイルによる傾向だろう。

しかし、豆知識の集積では歴史の因果関係を踏まえた叙述を実現することは不可能である。拙著では、江戸時代初期の明君細川忠利に対象を絞り、当時の社会と統治者がいかに戦国の動乱を克服し、長期平和（「天下泰平」）の基礎を構築したのか、じっくりと描こうとした。

この仕事に取り組んで痛感したことは、しっかりした歴史叙述を一般読者に発信する前提には、歴史学の研究方法にのっとった専門論文の存在が絶対に必要だということだ。当たり前のことだが、あくまで、専門論文の土台あっての一般書執筆であり、その逆はあり得ない筈である。

だが現実には、歴史学者を称する人々が土台なき一般書を上梓するケースが増えている。短期的成果を強要する学術政策が研究者の中長期的な研究活動を阻害し、若い研究者たちを土台なき一般書執筆に走らせているとしたら、彼らの学問は消費される一方だ。それこそ悲劇である。

こんなことを考えながら、仕事に明け暮れたゴールデンウイークであった。そしてあと一〇日もすれば、休む間もなく二稿が送られてくる。かく言う自分自身が悲劇にはまり込まないよう、「あるべき研究スタイル」を守り通す覚悟がいるようである。

学問商品化の極み

二〇一七年二月、南島原市で「島原・天草一揆と『天下泰平』」と題して講演した。島原・天草一揆の日本歴史上の意味について話したのだった。講演の内容は同展覧会の図録『初公開資料！ 原城落城のとき――禁教・潜伏への道のり――』に論稿として収録されているので、機会があったらぜひご一読いただきたい。

一〇〇名を超える来聴者のうちに、若い方が何人もいたのは嬉しかったが、講演の後の質問のレベルの高さには驚いた。さすが、キリシタン一揆が籠城した原城のある南島原の方々だ。お国自慢的なやり取りに終始しがちな熊本でのそれとは違って、世界史全体の展開や江戸時代の長期平和の本質、さらに「天下泰平」と日本の「近代化」との関係にまで及ぶ発言が次々と寄せられた。講演の論旨を正面から捉え、最も重要な部分に質問をぶつけてくる。そんな姿勢が心地よかった。

ところが質疑応答の中盤に、最前列で熱心に聞き入っていた若い女性から、思わずのけぞってしまうような発言が飛び出した。

「先日見たテレビ番組で、天草四郎の存在が怪しい、というのをやっていました。しかも、熊本大学の研究で明らかになったというじゃありませんか。先生の今日のお話と矛盾しますが」

苦々しい思いだった。この番組とは、テレビ朝日系「林修の今でしょ！講座」だ。日本史学を専攻する現役の東大教授が、日本史の最新の研究成果を同じ東大出身の林氏にクイズ形式で解説する、という演出。お笑いタレントやらが雛壇にならび、頓珍漢な発言で盛り上げる、いま流行りの「教養バラエティー番組」である。

天草四郎について取り上げられたのは一月二四日午後七時からの全国放送であった。熊本大学本部の映像とともに、「二〇一五年に長年の研究からわかった！　天草四郎　存在が怪しい⁉」「二〇一五年に熊本大学が天草四郎に関する最新の研究資料を発表」、とテロップが出され、じつは天草四郎という特定個人は存在しなかったという珍説が、あたかも熊本大学の公式見解であるかの如く全国に流されてしまったのである。

しかしこの〝学説〟は、熊本大学を退職している一人の元教授が、退職後に発表した著書（新書）で唱えた一説に過ぎず、大学としての公式見解などでは決してない。番組内容について、私も含めた熊本大学の現役教員は取材等にも一切応じておらず、一方的に放送されてしまったのであった。質問された方には以上の事情を説明し、私自身は天草四郎を実在の人物と捉えている旨、お答えしたことはいうまでもない。

著者個人の見解として放送されるのは、まったく構わない。しかし、大学としての見解など、そもそもあり得ないのだ。例えば、熊本大学に島原・天草一揆を研究対象とする日本史専攻の教員が四人いるとする。一揆の目的や構造についての理解・評価は、四人それぞれが異なるのがむしろ当然である。だからこそ四人の間には学問的緊張と論争が生まれ、それはより高次な学説を導き出すためのエンジンとなるのである。研究とは、一定の実証的根拠を有する仮説の提出と相互批判の繰り返しによる学説発展の過程にほかならないのだ。だから、人文系の学問において研究組織全員一致の公式見解を発表するなど、原則としてあり得ないし、あったとしても異様なことである。いやそれは理系でも同様だろう。「スタップ細胞事件」の顛末を思い出してみればいい。

テレビ朝日の制作担当者と話してみると、このような学問研究の基本についてまったく無理解なことが原因の一つだとはっきりした。手っ取り早く利用できる新書の内容を、ウラ取りもせずにタレント東大教授に語らせ、著者の名前は出さずに、権威づけのために熊本大学の名を使ったというわけである。安易な番組づくりが常態化しているのだ。

新書という形態で商品化された〝研究成果〟をテレビ用に加工し、二次的に商品化して売り飛ばす。「教養バラエティー番組」こそ、いまや学問商品化の極みだ。利用できるなら何でも金儲けの道具にしてしまうという「新自由主義」の行き着いた世界を見る思いがする。

研究者としての基本を踏み外していないか、常に自らの足元を確認しながら前進していこう。あらためてそう強く思わされた〝事件〟であった。

第二部　歴史にいまを読む

「くまにち論壇」の三年間

二〇一六年一月から、毎週日曜日の『熊本日日新聞』朝刊に掲載される「くまにち論壇」の執筆を担当してきたが、二〇一九年三月三一日掲載分をもって、その任を終えることになった。五人の執筆担当者のうち四人は毎月一回の寄稿だが、私が務めたのは〝五番バッター〟。第五日曜日がある月だけの担当だから、年に四、五回の寄稿だった。それでも三年間に一三本の論稿を紙上に公表している（本書一八三〜二三〇頁）。いまそれらを振り返っておきたい。

(1)「日本史に見る立憲主義の伝統」二〇一六年五月二九日
(2)「被災した民間の古文書を救え」同七月三一日
(3)「熊本城二の丸の活用法に疑問」同一〇月三〇日
(4)「天守閣の復旧 拙速避けたい」二〇一七年一月二九日

(1)は同年七月に迫っていた国政選挙に向けて書いたもの。政府自ら違憲としてきた集団的自衛権の行使を認める安全保障関連法が前年に成立していて、多くの識者が「立憲主義の危機」を指摘していた。日本の歴史には鎌倉時代の「御成敗式目」以来、立憲主義的伝統が一貫して流れており、主権者である私たちはそれを知り、尊重するべきだと述べた。(2)は熊本地震で被災した個人所有の古文書等のレスキュー活動に取り組みながら、その文化財としての価値について述べている。(3)(4)は同じく被災した熊本城の活用と復旧のあり方について問題提起したもの。国特別史跡内の二の丸で何でもありのイベントを繰り返し、国際スポーツ大会の開催日程に合わせた天守復旧計画を宣伝するなどしていた熊本市の姿勢に疑問を呈したが、これには読者から賛否両論の意見をいただいた。

(5)「380年前の熊本城主からの警告」二〇一七年四月三〇日
(6)「公論尊重と私欲否定の原則」同七月三〇日
(7)「人吉城で考える文化財保護」同一〇月二九日
(8)「阿蘇神社『天保の大造営』と今」同一二月三一日

(5)は、熊本地震以後の永青文庫資料の調査成果。一六三二年に熊本城主になった細川忠利が、本丸の櫓や石垣が地震で崩壊するのを恐れて城外の花畑屋敷を居所にした史実を、熊本城の観光活用への警告として紹介した。⑹では森友・加計学園問題に象徴される政治の現状に、公私の区別こそが江戸時代から一貫した為政者・政体の基本原則であった事実を対置し、現在の政治の異常性を強調した。⑺は国史跡人吉城跡の整備実績を文化財保護・活用の理想的な事例と位置付け、熊本城など一部の史跡での行き過ぎた観光活用のあり方に警鐘を鳴らした。⑻では熊本地震で倒壊し再建の過程にある阿蘇神社の建造物が、一九世紀中葉に熊本藩領の全世帯からの寄付によって造営された事実を紹介し、今次の再建事業の歴史的意義を論じた。

⑼「隠蔽・改ざんが破壊したもの」二〇一八年四月二九日
⑽「本能寺の変 消された『事実』」同七月二九日
⑾「日本史における諫言の役割」同九月三〇日
⑿「次世代のために文書館を」同一二月三〇日
⒀「平和の歴史 再構築のために」二〇一九年三月三一日

⑼⑽は、中央省庁における行政文書の隠蔽・改ざんが民主主義を破壊し、さらに歴史を破壊する行為であることを論じたもの。⑾では、江戸時代の大名家が必要とあら

ば上位者に諫言できる自立性を持った武士たちによって運営されていた事実に照らして、いま私たちには主権者としての自立性が求められていると強調した。⑿は熊本地震後の文化財レスキューによって明らかになってきた熊本地域の古文書の価値を例示して、それらを収集、管理、研究、活用する文書館の設立の必要性を訴えた。⒀では「平成」の三〇年間を日本国憲法の平和主義が変質する過程と捉え、それを日本史全体の中に位置付けた上で、歴史教育の重要性に言及した。

こうして並べてみると、一連の論稿には二つの柱があることに気づく。第一に、三〇年間に急速に進行した民主主義・平和主義の危機を長い歴史の中に位置付けて論評すること、第二に、熊本地震以降の文化財復旧・復興の過程で明らかになってきた問題への批判である。

歴史は〝現在《いま》〟とつながっている。だから歴史学者は歴史と現在との脈絡を究明することによって、現在起きている社会の変化の意味を客観的に認識し、叙述しようとする。その点からみれば、学徒の端くれとして最低限の責務は果たせたかと思う。しかし、取り上げた諸問題はもとよりどれも一朝一夕に解決できる性格のものではない。

これからが正念場だ。満開の桜を眺めながら、そう決意を新たにしているところだ。

日本史にみる立憲主義の伝統

七月に迫った国政選挙（二〇一六年）。立憲主義が問われる選挙になりそうだ。

立憲主義とはなにか。憲法が個人の自律を尊重する基本的人権を保障し、権力の一極化を防止するための権力分立を定めており、その憲法があらゆる法律に対して優位を維持することで統治権力の勝手気ままな運用（乱用）を制限する。これが現代立憲主義の典型的な姿であり、日本国憲法はその到達点だと評価される。

一九五五年に結党された自由民主党は自主憲法の制定を党是に掲げ、ついに二〇一二年には「日本国憲法改正草案」を公表した。草案は、基本的人権や平和主義の規定を決定的に変更し、緊急事態条項を新設して、内閣が認定した緊急事態時に権力分立や地方自治の枠組みを外し、内閣に強力な権限を集中する旨を規定している。非立憲的な内容だといわざるをえない。

結党以来六〇年間の大半を政権与党であり続けた政党のこの態度は、戦後日本の立憲主義の不幸である。

自主憲法制定の主張の背景で強調されるのが、占領統治下で制定された日本国憲法を「押し付け憲法」だとする言説である。しかし、統治権力の乱用を法によって規制するという立憲主義の原理は、じつは日本の中世・近世全般にわたって見いだされる。このことは、あまり知られていない。

平安末期の内戦の中から、軍事政権である鎌倉幕府が成立した。西日本にまでくまなく御家人《ごけにん》(地頭《じとう》)を送り込んだ幕府が制定したのが、あの御成敗式目である。その第四二条は、百姓(民衆)が地頭の暴政に抗議して領地を離脱する逃散《ちょうさん》について、地頭による妨害は仁政《じんせい》に背く不法行為だと明確に規定し、百姓の逃散の権利を保障している。仁政とは武力によらない理想政治の意で、儒教思想に基づく。御家人たちが東アジア共通の政治思想に反して権力を乱用すれば、幕府はたちまち正統性を失うことになったのである。

史上もっとも無秩序であったとイメージされがちな戦国時代。一方で戦国大名たちが分国法《ぶんこくほう》を制定していた事実をご存じの方も多いだろう。例えば関東の戦国大名北条氏は多くの国法を定めたが、それは北条氏自身の権力を超越した法として制定され、それゆえに北条氏による統治権力の乱用を規制する根拠ともなった。こうした法の存在が北条権力の正統性の唯一の源泉であった。

同じ頃、近畿地方やその周辺の村々は、村掟《むらおきて》と呼ばれる成文法を合議によって制定して、自己統治力を強めていたが、その法には、村のどんな有力者も他の村人と同様に従うべき旨が規定されていた。法による統治権力の統制は、民衆自治のレベルでも常識化していたのであった。

江戸幕府は、以上の動向を総決算した武家政権であった。徳川家康が将軍になったと同時に発せられた法度には、統治権力保持者である武士たちは法的手続きを経ることなく百姓を殺害してはならないと明記された。三代将軍家光時代の武家諸法度は、武士一般だけではなく将軍の権力行使をも拘束し、大名・直臣らには、百姓を疲弊させる政治を厳禁していた。法度の精神を体現した同時代の熊本藩主細川忠利は、「私なき」権力行使を心がけるよう、家臣たちを繰り返し説諭していた。そして江戸時代後期ともなれば、民衆側でも、村々から選出された惣代《そうだい》たちが、地域での商業活動を制限する法を制定し、地域経済秩序の維持に取り組むようになっていた。明治初期の自由民権運動は、こうした伝統の延長線上に位置付けられる。

立憲主義の歴史は欧米だけでなく、日本史に内在する過程としても見いだすことができるのだ。「押し付け憲法」論は大局的な日本史観に欠ける。日本国憲法が七〇年間にわたって国民に支持されてきた事実の意味は、日本における立憲主義的伝統を踏まえたときに、より深く理解できるだろう。それとともに、明治憲法下で立憲主義を無実化した全体主義の時代の異常性が浮かび上がってくる。

二〇一六年七月の国政選挙は、私たち日本国民の自国史の伝統に対する理解の程度を、世界に向けて示す機会となろう。

被災した民間の古文書を救え

熊本地震（二〇一六年四月）で被災した文化財の復興に関心が高まっている。七月には、県ゆかりの著名人や県内の経済人、文化人らで作る「熊本城・阿蘇神社等被災文化財復興支援委員会」が発足して募金を始めた。

しかし、被災した文化財は熊本城や阿蘇神社のような国指定のものだけではない。文化財には文化財保護法によって、価値が高いとして指定されたもの以外に、未指定もある。そうした多くの未指定文化財も被災した。

国や自治体の指定文化財は行政が被害確認に当たり、さらに国や県の指定なら保存修復に公的補助が出る。しかし未指定にはない。そして民間所有の古文書類のほぼすべては未指定なのだ。

これらの古文書類は所有者宅が被災すれば損傷し、置き場を失い、処分されてしまうこともある。対応が急務なのに、見落とされがちだ。

保全に向けて、文化庁所管の「文化財レスキュー事業」が七月中旬から本格始動した。それに先立ち四月二三日には、県内の歴史学者や学芸員によって、私を代表に「熊本被災史料レスキューネットワーク」が発足し、県博物館ネットワークセンターや熊本市立熊本博物館とともに、古文書などを四〇件ほど保護してきた。公的事業と、先行するボランティア活動。熊本における取り組みは、災害時の未指定文化財保全活動のモデルケースの一つとなろう。

ところでなぜ、こうした未指定文書の救出が必要なのだろうか。

江戸時代の社会は、極めて大量の文書を生み出した。それは当時の社会構造に対応して重層的に存在し、それぞれの文書群を作成した組織が管理してきた。

熊本の場合、まず大名家文書（藩政史料）として数万点の永青文庫細川家文書群、家老文書として第一家老松井家の文書群数万点がある。

さらに「手永《てなが》」と呼ばれ、郡と村の中間的な区画の行政にあたった五〇数人の惣庄屋の文書、現在の大字に相当する村政の村庄屋文書、地域住民としての百姓の家の文書がある。こちらの三種が救出対象になった民間所有の未指定文書群で、熊本県の調査では一九九八年の時点で県内に二三〇〇件以上が確認されている。

未指定の民間所有文書の〝価値〟は低いと思われがちだが、大きな間違いである。

例えば、四月に保護した緑川筋のある村庄屋文書の中には、村内の荒地開発について具体的かつ詳細な計画を立て、それに必要な人足の賃金の拝借を惣庄屋に願い出た文書の控えが含まれていた。

つまりこの文書は、農業基盤整備、道や石橋の建設、災害復興といった熊本藩の主要な地域政策が、意外にも地域自治を前提としたボトムアップ型の政策形成システムによって具体化され、実現されたことを証拠立てているのだ。

手永・惣庄屋のレベルでは、こうした村々からの要求を受けて地域事業の政策原案が練り上げられ、惣庄屋から熊本藩庁の担当部局へと頻繁に上申された。さらにそれは藩庁部局内で検討されて藩の政策となり、手永レベルで実施された――という構図である。

惣庄屋文書と村庄屋文書には、政策原案の自治的な形成過程などが克明に記録されている。民間所有文書群の内容を踏まえなければ、大名家の藩政史料や家老文書を正しく理解することなどできないのである。これら各レベルの文書どうしの関連に留意することで初めて、江戸時代の社会の総体を把握することが可能となる。このように、民間所有文書の存在は、日本の近世社会を根底から捉え直すという歴史学上の大問題に関わっているのである。

それだけではない。民間所有文書は地域の歴史の証言でもある。被災地ではいま、江戸時代の村に起源を有する地域コミュニティーが試練に立たされているが、文書が示す個性あふれる歴史は、地域持続のための究極のよりどころになるだろう。

地域の歴史を未来につなぐには、古文書をはじめとする地域文化財の保全、活用が必要である。それは被災地のみならず、すべての地域に共通する課題でもあるのだ。

熊本城二の丸の活用法に疑問

二〇一六年八月、国特別史跡・熊本城の二の丸広場に、突如熊本市がイベント用ステージを設置し、民放のＰＲイベントやライブが毎週末開催されるようになって一カ月たつ。従来は年二回の「お城まつり」などに限られてきた二の丸でのイベントだが、今回のステージ設置期間は二〇一八年二月末までという異例の長さだ。これには大きな問題があると考える。

「国特別史跡」はその名の通り、国史跡の中でもとくに高い価値との位置付けで、城跡としては熊本城を含めて一〇カ所だけだ。もちろん二の丸広場もその区域内にある。

問題なのは、まず活用のあり方だ。国史跡は文化財保護法に基づき指定されるから、熊本城の管理団体である熊本市は、同法の趣旨を踏まえた厳密な管理要領を定めなければならない。同法は、文化財の保護とともに活用の重要性も記しているが、その趣旨は、活用を通じて国民がその史跡などの文化財としての価値を知り、それが保護につながるとの考えに基づいている。

熊本市には特別史跡にふさわしい熊本城の活用法が法律によって求められているわけだ。それを受けて熊本市教育委員会が定めた「熊本城の管理に関する取扱要領」では、熊本城内の場所ごとに諸行事開催の基準を記し、「二の丸芝生広場」については、「県・市主催行事に限る」と示している。

しかし、有名歌手を並べたライブやタレントのステージに「復興」の冠を付けたとしても、それが熊本城の史跡としての価値理解を増進させるわけではないだろう。各イベントの主催者に熊本市が入ってはいるが、いかにも名目的だ。市の担当課は、イベント会社の持ち込み企画に市が共催者として名を連ねさえすれば「取扱要領」の規定をクリアできるとでも考えているのだろうか。規則を形骸化させる運用は慎むべきだ。

被災地熊本を元気づけるイベントは歓迎する。だが、法の趣旨と規則に照らせば、二の丸広場はこの種のイベントの開催場所にふさわしいとは思えない。

次に行政的手続きの問題がある。文化財保護法は、市町村が教育委員会の諮問機関として「地方文化財保護審議会」を設置できると定めている。熊本市の場合は文化財保護委員会がそれで、文化振興課が事務局となり、熊本城の活用上の重要案件もこの委員会に諮られる。有識者一二人で構成され、法の趣旨から外れた活用や現状変更を防止するための、いわば安全装置である。

当然、今回のステージ設置も異例の重要案件として同委員会に諮られた。しかし、その委員会が開催されたのはステージ着工前日の八月二六日午後六時半だった。設置申請者は大西一史市長。報道などによれば、文化振興課や熊本城総合事務所では、六月時点でステージ設置の具体的検討を開始していたようだ。事務局は、ステージ発注と数カ月先までのイベントの予約を水面下で既成事実化した上で、文字通り着工前夜に委員会を招集した。どう考えても順序が逆である。有識者委員会の軽視にも程がある。

さらに、イベントのチェック体制の問題もある。ステージ設置を審議する文化財保護委員会には、イベント内容の資料は一切提出されず、同委は今後の実施状況を事務局が逐次報告するという条件を付けて設置を「了承」した。しかし、現時点（二〇一六年一〇月末）まで報告はなされていない。委員会が開かれないからだ。従来は毎月開かれていたが、昨年から年数回になり、大半のイベントは事務局判断で許可するようになっている。

文化庁は二〇一三年、熊本城について、史跡の理解や保護に負の影響を与えかねない活用を改めるよう、熊本市を文書で指導し、熊本市は「調和が取れた保存と活用」を図る旨、回答している。その回答を裏打ちするのは、文化財保護委員会による活用実態の検証であろう。もし熊本市が二の丸で毎週イベントを続けるというのなら、委員会が実質的なチェック機能を発揮できるよう、事務局運営を改めるべきではないか。

法規と制度の適切な運用があってこその行政だ。国特別史跡熊本城の復興には、管理団体たる熊本市の基本姿勢の回復が必要不可欠である。

天守閣の復旧 拙速避けたい

二〇一六年一二月、熊本市は「熊本城復旧基本方針」を発表した。熊本地震で被災した国特別史跡熊本城の復旧に向けた考え方や施策の方向性を定めた文書で、市のホームページで見ることができる。全体の計画期間は二〇年程度とされ、新年度中にこの方針を踏まえた「熊本城復旧基本計画」を策定するとしている。

ただし、天守閣だけは震災復興のシンボルとの位置付けで特別扱いされている。二〇一九年秋のラグビーワールドカップに間に合わせるための早期復旧が明記されているのだ。この方針は既に二〇一六年六月、つまり熊本地震からわずか二か月後の時点で市や県によって決定されていた。天守閣の建物自体は一九六〇年の鉄筋コンクリート建築だから、文化財指定は受けていない。しかし天守閣も国特別史跡を構成する要素である以上、その取り扱いは史跡整備の一環として慎重に検討されるべきなのは当然である。この点で「基本方針」には、いくつかの疑問がある。

天守閣にエレベーターとスロープを設置することによるバリアフリー化の明記は、その象徴だ。「基本方針」では、熊本城の「幕末期など往時の姿」への「完全復元」を目指すとしているのだが、城の中心に位置する天守閣へのエレベーターなどの設置は、これと矛盾する。そもそも、熊本城の保存管理、調査研究と活用を検討する市の特別史跡熊本城跡保存活用委員会では、地震前の数年間にわたって天守閣の耐震化工事やエレベーター設置について議論していた。委員会では特別史跡として整備のあり方をめぐる幅広い観点からの検討が重ねられていたはずだが、その検討内容と地震後の計画策定との関係は不明で、いかにも唐突だ。

「基本方針」では、天守閣が史跡の本質的価値を構成する要素というより、観光の要素と位置付けられ、特定イベントに合わせた短期間での復旧にこだわっている。そのため、本来は中長期的な発想のもとで検討されるべき課題が、拙速へと流れているのではないか。

天守閣の一階には、藩主の航海用御座船としては全国唯一の現存例である国重要文化財「波奈之丸《なみなしまる》」御座所部分が収納されている。これを慎重に解体搬出しなければ復旧工事にはかかれない。しかし、市の入札公告によれば、担当業者は今年（二〇一七年）二月初めに決定され、同月末までに解体設計し、六月までに解体搬出という計画だ。作業中に生じるであろう種々のアクシデントに担当職員が対応する時間的余裕は確保されていない。

一方、大天守・小天守内部の石垣は激しく崩壊・変形している。これらは明治二二年の地震後や昭和の天守閣再建時に積み直された石垣だ。明治・昭和の石垣は地震に弱かったのだ。そんな積み方での復旧は論外だろう。では、熊本城全体の整備方針にのっとって幕末期の積み方に戻すのか、あるいは新しい耐震技術を取り入れた積み方とするのか。方針決定のための保存活用委員会での熟議、設計、そして施工には相当の時間が必要だが、はたしてあと二年半でそれが可能だろうか。拙速な復旧で禍根を残すべきではない。

復旧期限の圧力にさらされるのは文化財担当の市職員たちだ。現場の職員からの意見具中に耳を傾け、計画変更も含めた柔軟な対応が取れるかどうかが市執行部に問われる。

それにしても、二〇一六年六月時点での天守閣「早期復旧」方針の〝決定〟は釈然としない。個人的には、木造天守閣としての再建の決定的機会だったと思うからだ。江戸期の天守各層の平面図が伝来し、往時の明瞭な外観写真があり、同時代の宇土櫓が現存するのだから、これらを根拠に木造再建＝復元を検討することはできたはずだ。それには国との協議も含め、相応の時間が必要なのである。

熊本市内で数試合開催が予定されているラグビーワールドカップは、あくまで一時のイベントである。翌年の五輪は、東京への経済一極集中と地方経済の相対的縮小とを加速させるだろう。そんな厳しい時代に熊本が文化財を活用した観光都市として生き抜こうとするのなら、目前のイベントを超えた中長期的視点を持ち、ポテンシャルを生かした「本物」重視の文化財行政を推し進めていくよりほかにすべはない。

熊本城主からの警告

ＮＨＫスペシャル「熊本城再建」（二〇一七年四月テレビ放送）は、加藤清正が耐震性に優れた構造の石垣を意識的に編み出したという仮説を提示し、かつ、熊本市による石垣復旧への取り組みに密着した内容であった。

番組には私たちも永青文庫の古文書調査の成果を提供したが、ストーリーに合致しなかったためか、ほとんど反映されなかった。だが細川家の古文書には、清正の次世代にあたる細川忠利（一五八六〜一六四一）から現代へと発せられた熊本城活用法への警告が含まれていた。調査成果を総括した後藤典子氏の著作（『熊本城の被災修復と細川忠利』熊日新書）によって紹介しよう。

忠利が細川家の当主であった一六二〇〜三〇年代は、国内で地震が多発した時代だ。肥後でも一六一九年の大地震で八代の麦島城が崩壊して廃城となり、一六二五年の大地震では熊本城内の火薬庫が爆発して建物と石垣が破壊され、城内で五〇人もの死者が出た。寛永九年（一六三二）一二月に忠利が小倉城から熊本城に移った時点でも、城内の塀や櫓の大半は修理が必要なありさまだった。

翌年の正月、関東で小田原城を大破させる地震が発生。その影響か、熊本でも三月から五月にかけて地震が頻発し、熊本城の石垣が崩れた。城主となったばかりの忠利は、大名仲間や江戸の家臣に次々と書状を出し、こう伝えている。

「本丸には少しも庭がなく、四方が高石垣である上、櫓・天守が危ない。度々地震で揺れるので、本丸には居ようもなくて、下に降りて広い花畠屋敷に住んでいる。いま崩れている石垣の上には家臣を配置していないし、人命第一で差配している。心配しないでくれ」

たとえ清正が耐震石垣を構築していたとしても、忠利はそれを無条件に信頼していたわけではなかった。石垣は地震で崩れるのが当然だという認識、すなわち本丸の地震への弱さを前提とした徹底的な危機管理と人命尊重の対応をとっていたのだ。これを契機に、忠利は本丸定住をあきらめ、花畠屋敷（現熊本市桜町一帯）を居所とした。

寛永一四年（一六三七）一一月、後継者の細川光尚が初めて熊本に下るとき、関東にいた忠利は国元の家老衆に決定的な指示を与えた。「本丸は地震が危なくて光尚の居所にはまったく適さない。居所は花畠屋敷とせよ」。地震が起きれば熊本城の石垣は崩れる可能性が高い。わけても本丸は危険な場所だ。人を常駐させるべきではない――。これが三八〇年前の城主からの警告である。

もしも熊本地震が観光客の多い時間帯に発生していたなら、熊本城は二度と人が入れない史跡になっていただろう。復旧後の熊本城の観光活用には、安全確保の観点から、立ち入り制限区域を拡大するなどの配慮が不可欠ではないか。

「学芸員はがん。連中を一掃しないと駄目」。文化財の観光利用をめぐり、こんな暴言を発した山本幸三地方創生担当大臣（当時）は「地方創生はいかに稼ぐかだ」とも公言してはばからないという。暴言の背景にあるのは、文化財を国の「観光立国」路線の目玉としてより一層利用しようという全国的な動向だ。それは、自治体の文化財保護行政の所管を中立的な教育委員会から観光部局へと移管する動きとして現れている。こうした組織改編は熊本市も例外ではない。

文化財保護行政が観光行政に過度に従属した自治体では、文化財の保護と活用の両面に深刻な歪《ひず》みが生じている。保護の面では、手っ取り早く観光利益を生む文化財以外はないがしろにされ、一方で、利用される史跡などは観光に便利なように、あちこち安易に改変されて文化財としての価値をおとしめられている。活用面では、安全を度外視した観光客の立ち入りや、史跡取扱要領などの形骸化となって現れている。

地震年表を見ると、現在の行政体系が形を成した二〇世紀後半は、例外的に大地震が少ない時代であったことに気づく。しかし、忠利の時代と同様に列島が地震活動期に入ってしまったいま、安全確保という観点から史跡の観光活用のあり方を早急に再検討せねばなるまい。

三八〇年前からの警告は、ズシリと重い。

公論尊重と私欲否定の原則

内閣支持率の急速な低下とともに、政治家の「公私の区別」が、いま厳しく問われている。

一九九〇年代後半以降、断続的に進められてきた行政改革は、政治主導の名のもと、規制緩和と内閣権限強化をセットで推進してきた。内閣官房の拡充や内閣府の創設によって、首相のもとに各省庁から官僚が引き抜かれ、首相自身が主導する政策立案も容易になった。さらに各省庁の高官人事を所管する内閣人事局が内閣官房に設置され、首相権力はかつてないほどに強化された。

柔軟な政策決定のために一定の規制緩和と首相権限の拡充が必要なことには、国民も理解を示していただろう。しかし強大な権限を有する首相だからこそ、最低限、公私の峻別が要求されるのは当然だ。いまや世論は、森友・加計学園問題などを契機に、安倍首相が公共の利益よりも私的なそれを優先させてきたのではないか、またそうした事実を隠すためなら官僚にどんな嘘でもつかせるのが「政治主導」の実態なのか、との強い疑念を表明しているのだ。

歴史をひもとけば、公私の区別なき政治がまかり通っていた時代など遠い昔のことだとわかる。明治政府の政治の基本姿勢を示す「五箇条の誓文」の第一条に、「広ク会議ヲ興シ、万機公論ニ決スベシ」とあるように、「会議」に基づく「公論」の尊重こそは、近代日本成立時の政治の原則であったのだから。

ところが、西郷隆盛や板垣退助が下野《げや》した明治六年（一八七三）の政変以降、大久保利通を中心とした明治政府の専制化によって、この原則はいったん軽視されてしまう。明治一〇年、西郷が主導した西南戦争は、単なる「不平士族の反乱」ではなく、政府の専制への批判と抵抗を具体化したものであった。しかも、西郷軍に呼応して肥後・山鹿で自治運動を展開した「熊本協同隊」のように、自由民権派の士族らも専制批判の一点で西郷に同調していた。これは、西南戦争の反政府理念が公論尊重の原則に支えられる面があったことを示唆している。

反乱鎮圧の翌年、大久保は旧加賀藩の士族らによって暗殺されるが、その趣意書には大久保の罪状が、「公議を途絶し、民権を抑圧し、以て政事を私《わたくしに》する」と表現されていた。民権を汲み取る公議・公論の議会制的な価値が尊重され、その対極に、あってはならないものとしての私欲政治が位置付けられている。

しかも、公論尊重・私欲否定の政治原則は明治維新に始まったことではなかった。安政七年（一八六〇）、専権を振るった大老井伊直弼は水戸藩士らに襲撃されて殺害されるが、その趣意書にも井伊の主要な罪状が「公論」「正議」を無視した点にあると記されていた。さらに遡って細川家初代の熊本藩主・細川忠利は、下々の役人までが「私なき」権力行使を心掛けるよう、家臣たちを繰り返し説諭していたのであった。

公論尊重・私欲否定の原則は、なぜ江戸時代初期から近代まで綿々と維持されたのか。それは、大名家の政治がじつは藩主専制ではなく、合議制的に運営されていたことによる。藩主が私欲を追求し始めたときに家老が複数回諫言《かんげん》し、それでも聞き入れなかった場合、家臣団合意の上で藩主を強制的に廃位せしむる「主君押し込め」が、いくつもの大名家で断行されていたほどであった。

さらに、公論尊重の政治態度は民衆自治の理念でもあった。戦国時代に制定され始めた自治的な村掟《むらおきて》には、村人が村に私的利害を押し付けるのは不当行為だと規定され、原則化されていたことが、それを示す。

このように、政治における公私の区別は、少なくとも江戸時代以来の伝統であった。しかし、統治者が常に清廉潔白であるはずはなく、公論尊重の原則は時に軽視される。昔は悪政を直接正す方法が限定されていたので、暗殺や反乱など暴力的手段が用いられて悲劇を生むこともあった。だが現在、私たちは統治権力のあり方をチェックし、合法的に意思表明する権利を保持している。国政に限らず政治が劣化し、江戸時代以前に逆戻りしているのだとすれば、それは主権者たる私たちの責任だといわねばならないのだ。

人吉城で考える文化財保護

かつて人吉藩主相良家が居城とした国史跡人吉城跡。シラス台地上の城郭遺構と、相良家や重臣たちの屋敷があった麓の御館《みたち》・西外曲輪《にしそとくるわ》とによって構成されるこの史跡は、球磨川に寄り添うように美しい姿をたたえている。一九八五年に策定された保存整備基本計画に沿って進められてきた整備事業の成果である。

人吉城大手門跡を入ってすぐの西外曲輪には、人吉市役所本庁舎がある。八五年の整備計画では歴史的空間の一体性強化のため、本庁舎も史跡外へ移転すべきだと定めていたが、熊本地震を契機に解体・撤去が決定し、二〇一七年一〇月二九日、閉庁式が開催された。今後、人吉市教育委員会により、庁舎跡地の発掘調査及び新しい整備基本計画の策定へと進む予定だ。

人吉城跡の現状は、史跡整備の一つの理想形を示すものだ。その基本姿勢は、綿密な調査研究に基づく史跡理解のための着実な環境整備の蓄積に尽きる。史跡内の各エリアでの調査成果は、建物跡の礎石等を生かしながら平面表示され、それは重臣団屋敷が並んでいた西外曲輪にも及んでいる。ここで、寛永一七年（一六四〇）の御家騒動の当事者となった家老相良清兵衛の屋敷跡から謎の地下室が発掘され注目を浴びたのは記憶に新しい。整備された地下室遺構の上に建てられた「人吉城歴史館」では、人吉城の歴史を知り、その謎を体感することができる。

人吉城内の建造物は明治以降ほぼすべてが失われ、多くは復元されていない。しかし、本丸・二の丸でも、歴史広場として整備された西外曲輪でも、来訪者はそこにかつてどんな建物があり、どんな人々によってどんな歴史が展開されてきたのか、時間をかけて想像することができる。自分の目の前や足元にある遺構・遺物が保全され、永遠に未来に伝えられていくことの大切さを実感できる。そんな整備がなされているのだ。新しい整備基本計画も、三〇年間に及ぶ実績を踏まえ、人吉城跡の史跡としての価値理解を一層促進するものとなるはずだ。

ところがこの夏（二〇一七年）、文化庁はこうした文化財保護行政のよりどころである文化財保護法を大きく改正する方針を決めた。外国人旅行者の大幅増や「地方創生」に取り組む政府として、文化財の活用により力を入れるというのだ。改正の要点は、国指定文化財の改修など現状変更許可の権限を、文化庁長官から市町村長に移譲することにある。簡単に言えば規制緩和だ。安倍内閣の「骨太方針二〇一七」の「文化経済戦略」に沿った改正であり、あの「学芸員はがん」という閣僚の発言は、こうした動向を表現したものだったのだ。

現状変更の権限を市町村に委ねれば、市町村の文化財担当が観光部局に押し切られ、史跡等の本質的価値を軽視した活用がまかり通るのではないかと危惧される。

例えば、経済観光局が文化財担当課を所管する熊本市の場合をみよう。人吉城跡の西外曲輪に相当する熊本城二の丸では、二〇一六年八月に設置されたステージで、民放のＰＲイベント、酒蔵イベント、ライブなどが相も変わらず繰り返されている。本書一九〇～一九四頁でも書いたとおり、文化財保護法の趣旨に照らせば、国史跡内はこうしたイベントの開催場所として適切ではない。しかも、二の丸に家老屋敷や藩校時習館が建ち並んでいたこと、薩摩街道が通っていたこと、廃藩置県直後に県庁が置かれたこと。二の丸の整備の現状では、こうした本質的事柄を来訪者が認識する術《すべ》がない。

このように、専門的な知見を軽視したまま史跡がイベント会場化し、また観光偏重の史跡改修や建物復元が各地で進められていくようなことになれば、史跡の価値とともに、日本文化のブランドそのものが傷つけられてしまう。

文化財保護法は、法隆寺金堂壁画が火災で焼失したのを契機に、一九五〇年に制定された。文化財保護行政に関係するすべての人々が、もう一度原点に立ち返って、一時の損得勘定による法改正に対処する必要がある。史跡は文化財としての本質的価値があってこそ観光資源になり得るのであって、その逆は絶対にあり得ないのだから。

阿蘇神社「天保の大造営」といま

除夜の鐘とともに連なる参拝の人の波。交わされる「おめでとう」の声。だが、初詣の舞台となる寺社も熊本地震で多くが被災した。わけても、国重要文化財六棟を含むすべての社殿が損壊した阿蘇神社の様相は、私たちに大きなショックを与えた。いま同社では、復旧のため懸命な努力が続けられている。

中世の阿蘇神社は肥後国最高の社格（一宮）に位置付けられ、大宮司の阿蘇氏が大名に成長した戦国時代に全盛期を迎えた。ところが戦国末期に薩摩島津氏と豊臣政権の侵攻を相次いでうけ、江戸時代には社殿も衰退してしまう。こうして、同社の復旧は長年の悲願となったが、それをついに叶えたのは、天保六年（一八三五）から約一五年間をかけて行われた「天保の大造営」であった。熊本地震で損壊した建造物の大半は、このときに造立されたものだ。

熊本藩（永青文庫）の記録によれば、この造営には次のような特徴が認められる。

第一に、社殿造営の費用・材料に充てられたのが、阿蘇郡内はもちろんのこと、当時の熊本藩領内すべての地域の住民から寄付された米や材木だったことである。興味深いのは、寄付米が一世帯あたり三合三勺ずつ均等に負担されたことだ。薄く広く藩内全域にわたる負担方式は、一宮再興が熊本藩領のいわば公共的事業であったことを示している。

第二に、寄付米・材木等が、熊本藩領内に五二存在した「手永《てなが》」を通じて納付されたことだ。手永は各郡内に複数ずつ設けられた行政区で、そのエリアは、ほぼ平成大合併前の町や村の領域に相当する。

大造営の時期は、手永が単なる制度から住民による自治的な組織へと発展する画期にあたる。各手永の役所には「手永備《ぞなえ》」と呼ばれる共有財産が形成され、百姓の経営維持のために運用されるようになったのだ。

故前田信孝氏の研究によれば、天保一四年時点での全手永現有分の総計は、米穀だけでも何と八万五千石を超えていた。財源は手永が各戸から徴収する雑税や寄付金、手永が主体となった耕地開発事業等からの収入であった。そして手永備は農業基盤整備、道や石橋の建設、災害復興といった、手永が立案した公共政策にも充当された。

阿蘇神社「天保の大造営」への藩内全域からの寄付は、こうした手永の自治的活動の一環として地域住民各戸から徴収され、阿蘇神社に納付されたものに違いない。

さらに、明治初期に手永が廃止された後も、手永備の一部の運用は各地域の管理団体へと引き継がれ、起業公債や鉄道株式等に投資され、また病院や学校の創設運営資金、学務委員等の人件費にも充てられて、貧弱な町村財政を支えた。じつに、江戸時代の地域自治の発展の過程で形成された資本が基礎となって、地域近代化が推進されたのであった。

「肥後の維新」を政治史の表層からではなく地域社会の深みから見たとき、その起点は地域自治が新段階を迎える天保期に見いだされる。そして、この時代に地域自治の力に依存して造営された阿蘇神社の社殿は、じつは肥後の維新史の始まりを象徴する建造物でもあった。こんな歴史の「事実」を知ったとき、私たちは社殿損壊の意味の重大性をあらためて認識し、その復旧へ協力することの意義に目覚めることになるだろう。

だが、地方活性化と文化財をめぐる安倍首相の直近の発言は、目眩《めまい》がするほど軽薄である。いわく「文化財保護法の改正案を次期通常国会に提出し、文化財を観光やまちづくりに活用できるようにします。お寺でミュージカル、竪穴式住居でお茶会、遺跡のパワースポットでヨガ」。史跡の価値と無関係な思いつきの「活用」は、史跡をいたずらに改変して商品化する。地域に流行《はや》り廃《すた》りの悲喜劇をもたらすのが関の山だ。

史跡の本質的価値についての理解を深める活用こそが、史跡保護の意思を持つ人々の輪を広げていく。史跡の永続性が地域の持続を支える究極の根拠となることを忘れてはならない。阿蘇神社の復旧には、同神社及び熊本県庁が所管する「指定寄付金制度」によって、誰でも協力することができる。

隠蔽・改ざんが破壊したもの

もしかしたら、中央省庁は都合の悪い資料の隠蔽・改ざんを重ねているのではないか。しばらく前から、国会中継を見るたびに、そんな疑念を抱いてはいたものの、いざ、事実であったことが明るみに出たショックの〝破壊力〟はすさまじい。第二次安倍政権の五年間は、じつに、民主制（議会制）に基づく統治のあり方が根本から破壊される過程であった。それが誰の目にも明らかになってしまったのだから。

日本国憲法に「国権の最高機関」と明記されている国会（立法府）は、直接投票で選出された国会議員、すなわち国民の代表によって構成されている。その国会における審議の基本資料となる行政文書を、政府（行政府）がやりたい放題に隠蔽・改ざんしてしまう。そればかりではない。あろうことか、自衛隊、教育、規制緩和など現政権の本質に関わる問題について、政府が恣意的に提出した資料での国会審議が延々となされ、それによって形成された世論のもとで国政選挙が行われ、そのたびに政権与党が圧勝してきたのである。公文書の隠蔽・改ざんによる世論の誘導。議会制民主主義の破壊とは、このことである。

この問題を、行政官僚の側からの政治への一方的な「忖度」の結果とみてしまっては、本質を見失う。

二〇世紀初期、ドイツの著名な社会学者マックス・ウェーバーは、近代の行政官僚制は複雑化・巨大化した公共業務を合理的に遂行する「非人格的な精密機械」だと評し、この機械を使いこなすことが、政治の重要な課題であるとした。国会の信任を受けた内閣の大臣らが官僚の任免権を持つことの意味は、ウェーバーのように考えれば分かりやすいだろう。高官人事を所管する内閣人事局の設置も、官僚組織に対する政治の権限強化が目的であった。

しかし、行政官僚組織の管理運営には公益性の確保が不可欠である。人事権等を行使する政治の側の見識、すなわち政治倫理こそが問われるのだ。公私の区別もつけられない政治家たちが人事権を振り回せば、役所で政治家の私的利益を優先した意思決定がなされてしまうのは当然である。それをごまかすために公文書の隠蔽、改ざんがなされる。発覚しても、政治家は責任を取りはしない。

このように、問題の根本は政治家の著しい劣化にあるのだ。劣化レベルはウェーバーの想定をはるかに超え、日本における民主制の歴史を断絶の危機に追いやっているといっても過言ではない。

公文書の隠蔽・改ざんは、未来に対する罪でもある。行政府における重要な政策形成過程を後に検証するのに必要な手段、つまり国民の歴史的な財産を滅却する行為だからだ。

こうした事態を防止し、行政機関が保有する情報に国民が一定期間の後であってもアクセスする権利を保障するために、この間、情報公開法や公文書管理法が制定されてきた。

これらの法律を受けて条例を制定した自治体もある。二〇一二年施行の行政文書等管理条例を持つ熊本県もその一つだ。学識経験者や弁護士からなる第三者委員会を設置し、保存期間を過ぎた文書でも、同委員会が政策決定過程の説明や将来の政策立案等に役立つと判断した文書は、廃棄せず保管している。

だが、立派な法律や条例を作りさえすれば公文書の隠蔽・改ざんは防げるのか。答えはノーであることが証明されてしまった。官僚たちは法律の網の目をかいくぐる巧みなガイドラインを作って、国民に黒塗り文書を開示し、隠蔽・改ざんにも手を染めた。経験者だから言うが、ある政治目的のために第三者委員会の委員をすげ替えるようなことも、官僚にとってはいまや朝飯前の仕事である。

要するに、国民にはそのまま見せられないほど低レベルな政治が行われているからこそ、あらゆる手段を使って隠すのである。ここでも問題の本質は、政治の劣化にある。

いうまでもなく、政治・政治家の劣化を放置したのは、民主主義の状態に無関心な私たち国民の責任である。しかし、民主主義を立て直すことができるのもまた、主権者たる私たち国民をおいて他にない。このことを忘れてはならないのである。

本能寺の変 消された「事実」

「細川ガラシャ」展（二〇一八年）が熊本県立美術館で開催された。細川忠興に嫁いだ明智光秀の娘ガラシャは、父が起こした「本能寺の変」直後に幽閉され、やがてキリスト教を信仰し、「関ヶ原合戦」に際して悲劇的な最期を迎える。ゆかりの品々が勢ぞろいする展覧会となった。

本展の隠れたテーマは明智光秀論だ。ガラシャの人生にも大きく影響した本能寺の変の意味はなにか。京都・吉田神社の神主の日記『兼見卿記《かねみきょうき》』に、興味深い記述がある。

著者の吉田兼見は信長や光秀とも親密な人物だった。本能寺の変が起きた天正一〇年（一五八二）の日記は、正月から六月一二日まで、つまり六月二日に信長を殺害した光秀が同一三日に「山崎の戦い」で秀吉に敗北する前日までを記した原本と、その全体を書きなおした上で、六月一三日以降年末まで書き継いだ書替追加本の、二種類が存在する。

原本で兼見は、六月二日早朝の信長殺害について次のように記す。

「光秀は信長方を悉く討ち果たし、自分の領地である大津（現滋賀県）に移動した。私は馬に乗って粟田口まで走り出て光秀に対面し、吉田家・吉田神社の領地を保障してくれるよう直接頼んだ」

兼見は、光秀による信長殺害を「謀反」とは表現していない。そればかりか、本能寺の変の当日に光秀を新たな天下人と認めて、すり寄っていたのである。このとき光秀のもとには、兼見のみならず京都の公家や寺社勢力が群参していたにちがいない。

信長に代わって六月五日に安土城に入った光秀のもとに、勅使が派遣される。朝廷厚遇の政策を求めるためだ。勅使には兼見が任じられた。七日に安土城に駆けつけた兼見に対して光秀は、信長殺害の理由を語ったという。話の内容が日記に書かれていないのは残念だが、ここで光秀は自身の正当性を主張し、勅使兼見も賛意を示したことであろう。九日、光秀は中国筋から上って来る秀吉軍を迎撃するため京都に戻る。そのとき都は光秀を出迎える公家衆で溢れかえったという。まさに堂々たる「天下人」光秀であった。

ところが、六月一三日に光秀が秀吉に敗れると、兼見は日記を中断し、その日からの記事を別本に書き継いで、六月一二日までの記事を書きなおしてそれと合体させ、書替追加本を仕立てた。驚くべきことに、書替本では本能寺の変当日に自分が光秀と対面して領地の保障を懇願したこと、七日に安土城で光秀本人から真意を聞いたことは完全に削除され、さらに、光秀の信長殺害は「謀反」だと明記されているのである。

日記改ざんの理由は、書替追加本の六月一三日条、すなわち光秀敗死当日の記述を見れば明白だ。そこには、光秀の敗北を知った京都の人々は、これこそ「天罰眼前《がんぜん》」だと評したと記されている。光秀の「謀反人」たる評価は、本能寺の変によってではなく、その一一日後に、秀吉に敗北したその瞬間に定まったのであった。信長殺害後の光秀と意気投合した事実は、その時点で兼見にとって、また京都の支配層にとって、闇に葬られるべき事柄となった。光秀をめぐる「事実」の改ざんは、新たな天下人への忖度による行為だったのだ。

だが、兼見は日記の原本を処分はしなかった。

政府にとって都合の悪い事実を隠蔽するために行政資料が改ざんされ、たたかれると役所から原本が出てくる。この間に繰り返された事態である。歴史の「事実」を未来に伝えるべきではないか――兼見や、ひそかに原本を保持した官僚たちにも、政治の現実に抗する良心があったと思いたい。

日本史上最大の事件の一つである本能寺の変。今度の展覧会には光秀に関する基本史料のほぼすべてが出品された。研究はそれらをより深く検討することで進展するだろう。一方で、日本憲政史上最大の汚点と評される公文書改ざん事件の真実に蓋がされるなら、事実に基づいて理性的に行動する私たち主権者の存在の危機へとつながる。県立美術館でぜひ本物の古文書の迫力に触れ、歴史における「事実」の尊さを多くの方々に体感していただきたいと思った。

日本史における諫言《かんげん》の役割

二〇一八年九月に投開票された自民党総裁選挙。安倍晋三首相（総裁）に対して石破茂元幹事長が党員票の約四五％を獲得したことが大きく報じられた。安倍政権六年間の経済政策は富を都市の一部階層に集中させ、地方の衰微はいっそう進んだように思う。厳しい現状にもかかわらず、二〇一九年一〇月には消費税率の引き上げを強行せんとしている。「地方への富の再配分に政策の舵を切るべきだ」。この選挙結果は、地方党員から首相への強烈な「諫言」だといえるだろう。

安倍陣営の一部からも、選挙結果を「地方の反乱」だと評する声が聞こえてきたという。しかし、当の本人はどこ吹く風で、諫言に耳を貸す気配さえないようだ。

だが歴史をひもとけば、政治を正す手段として、諫言がじつに大きな役割を果たしていたことに驚かされる。一〇月に八代市立博物館未来の森ミュージアムで展覧会「ザ・家老　松井康之《やすゆき》と興長《おきなが》」が始まる。熊本藩主細川家を戦国時代から廃藩置県まで支え続けた第一家老松井家。その初代康之と二代興長に関する貴重な歴史資料等が多数出品される。展覧会のキャッチコピーは、「武勇の康之／諫言の興長」だ。

無双の武功で鳴らした松井康之の跡を江戸時代初期に継いだ興長は、細川忠興から綱利まで四代の当主に五〇年間にもわたって仕えた。戦《いくさ》に命を懸けた父の康之に対して、興長は藩主への諫言に家老職を懸けた。その特徴をまとめてみよう。

第一に、諫言は文書で示すだけではなく、細川屋敷内の公的な空間に藩主側近や他の家老らが居並ぶ状況で口頭でなされていた。公的な場で客観性が担保されれば、藩主への直言は正当な政治行為と認証された。これが諫言の基本性格であった。

第二に諫言の内容である。興長は、藩主は為政者として最高の徳をそなえるべきだという儒教的な政治思想に基づき、その生活態度の根本をただしている。さらに、諫言の射程は領民統治のレベルにまで及んでいた。一六六〇年の諫言では、相撲興行にのめり込んだ細川綱利に対して、「御国にて御相撲取を御仕立《おしたて》」になれば、治安が乱れて「下々の痛《いたみ》」を生じさせるので止めるべきだと直言している。領国の百姓・町人を統治するにふさわしい人格への藩主の規律化が、諫言の大きな目的であった。

第三に、諫言が「先例」を重視していることである。藩主と家臣たちとの間で、また大名権力と領民との間で、慣習法をもとにした長年の交渉の末に、多くの「先例」が成立していた。それらは社会構成員の諸権利の源として尊重されるべきで、為政者がそうした権利を蔑《ないがし》ろにして「新法」を乱発するなど、あってはならないことだと考えられていた。

相撲に関する諫言への綱利の貴重な自筆返書が、松井文庫に伝わっている。綱利は、相撲取の召し抱え自体は止めないが国元の相撲取はすべて江戸に移すと返答し、さらに「諫言はありがたく奇特千万なことだ。他の者にはできない諫言をしてくれたことに満足している」と書いている。安倍首相は耳を傾けようともしないようだが、江戸時代の藩主は諫言が家老の至高の職務だと認識し、尊重していたことが知られる。

このようにかつての諫言は、民衆生活を社会の激変から守るため歴史的な権利と政治文化を尊重するという意味での保守主義と徳治《とくち》主義に貫かれた、正当な政治行為であった。

しかも、諫言は決して家老の特権ではなかった。家臣たちから家老へ、家老から藩主へ、そして藩主から将軍へと、諫言の重層構造ともいうべき政治秩序が江戸時代の長期平和を支えた。これは、上位者の言動の正邪を見極め、必要な意見を明瞭かつ論理的に表現・伝達する自立性が、あらゆる武士たちに必要とされたことを意味する。

ひるがえって私たち主権者は、このような政治的自立性を持ち得ているだろうか。それが現在ほど強く求められている時代は、かつてなかったのではないか。未来の社会への責任を果たすために、政治に何を求めるのか。いま民主主義の真価が問われている。

次世代のために文書館を

二〇一八年一二月、熊本市で開催された講演会「被災史料が語る井寺古墳」（主催・熊本被災史料レスキューネットワーク）は、熊本の歴史文化を次世代に伝えるために、古文書をはじめとする歴史資料（史料）を保全する体制を築くことが極めて差し迫った課題であることを示した。

二〇一六年の熊本地震で被災した嘉島町の国指定史跡井寺古墳はわが国を代表する

装飾古墳とされているが、大正期に京都帝大が調査した時点ではすでに盗掘を受けていて、被葬者の遺骨や副葬品の一部などは失われていた。ところが熊本地震直後、江戸時代に旧井寺村の庄屋のもとにあった史料群が熊本大学に持ち込まれ、その中に、一八五〇年代に同古墳が発見された当時の様子を記した古文書四点が含まれているのが判明したのだ。

それらは、石室内を確認した庄屋が副葬品や遺骨の詳細を熊本藩に報告した文書の控えなどだった。一六四九点もの文書群をまったく未整理の状態で受け入れた熊本大学の三澤純准教授らが、一点一点を解読して目録を作成するという地道な作業の過程で発見したものである。これによって、井寺古墳の評価はより正確になり、古墳研究全体に大きな影響を与える可能性が出てきた。驚くべき「大発見」である。

四点の文書は端切れのような粗末な料紙に難解な草書体が細々と書き込まれた形状だった。未熟な調査者なら、「雑文書〇点」として一括処理してしまっても不思議ではない。この大発見は、地域史料を扱う者の専門的技量と経験を媒介にして、初めて可能となったのである。

だがそれは「地域史料は古文書の専門家の手を経なければ何も語らない」という厳然たる事実の証明でもある。大半の市町村の文化財担当課には古文書の専門職が存在しない。大学の教員個人や一研究室による対応には限界がある。そのため、民間の史料が価値を知られぬまま廃棄あるいは売却されるケースが増えてきている。じつは井寺村庄屋文書も、元来の所有者の手から離れた先で被災し、大学に持ち込まれたのであった。

背景にあるのは、史料群の本来の管理主体である伝統的な「家」の衰退である。多くの所有者が、史料の将来にわたる自宅管理を不安視する状況にある。熊本は「宝庫」と呼べるほど史料・文化財の豊かな土地だが、放置すればその「宝」も瞬く間に散逸していくことになろう。

熊本地域には文書館の設立、ないし既存施設の機能拡充による地域史料保全への取り組みが不可欠である。先進事例として、天草市の「天草アーカイブズ条例」のもとで二〇〇二年に設立された「天草アーカイブズ」を参照してみよう。

条例はこう定めている。市長は行政文書だけではなく、市以外の団体、法人、個人等が所有する記録等の「地域史料等」について、「重要な価値を持つものを散逸しないよう啓発活動を行い、収集し、資料として登録し、及び保存するものとする」(第一〇条)。

天草アーカイブズでは、有識者審議会による指導のもと、配置された専門職員らによって多くの地域史料群が収集整理されて、その保全と研究、その成果の市民社会への発信、市民を組み込んだ各種活動が展開されている。これなら、所有者も安心して史料等を寄託することができるだろう。ここまで地域史料を尊重するかつての幕府領天草は、進んでいるという意味で「肥後であって肥後ではない」のである。

目を外に向ければ、山口、広島、岡山、愛知、柳川など、大藩があった地域の多くには公立の文書館がある。しかし、かつて先進的な藩政が他藩の模範にさえされていた肥後にそれがなく、地域史料が散逸していく状況はぶざまでさえある。

天草アーカイブズは、「天草史料調査会」が当時の本渡市長に公文書・史料保全の必要性を提起したのを契機に設立された。行政を動かすのは、やはり市民なのだ。今度の発見を一つの契機にして、地域史料の保全への市民的意思を明示することができるか。遅すぎないことが必要である。

平和の歴史再構築のために

新元号の発表が明日（二〇一九年四月一日）に迫った。この間、マスコミはどこも「平成という時代」を振り返る企画で押しまくっている。しかし本来、「時代」は社会構造や国家形態の変化等に基づいて前後と区分されるべきなのであって、元号の変更は象徴天皇制のもとでの制度の運用により生じるにすぎないのだから、「時代」を区切る指標としてはなんら本質的ではないのである。

このことを前提にしてもなお、「平成」を一つの「時代」として把握しようというのなら、私は何より日本国憲法の平和主義が大きく変質した事実を直視するべきだと考える。

湾岸戦争を契機に自衛隊の国連平和維持活動への参加を定めたＰＫＯ協力法が成立したのは平成四年。武力行使を禁じた憲法に抵触しないように、武力紛争が発生していない場合にのみ派遣を認める法律であった。それ以来、派遣を繰り返した末、平成二六年、政府は集団的自衛権行使を違憲としてきた自らの憲法解釈をかなぐり捨て、翌年には自衛隊法・PKO協力法等一〇もの法律を一括改正する安保法案を国会に提出するにいたった。

集団的自衛権とは、日本が攻撃されずとも、日本と密接な関係にあるA国がB国から武力攻撃を受けたときに、日本がB国を攻撃する権利をいう。多くの憲法学者や政府自身がその行使を違憲としてきた理由は子どもにでも分かる。ところが同法案は、国民の十分な理解を得ぬままに、政権与党によって強行採決されてしまった。

同法は集団的自衛権の行使が可能となる要件を、他国への攻撃によって日本の存立が脅かされる「存立危機事態」に限定し、必要最小限度の武力行使に止める旨、規定している。だが問題は、「存立危機事態」か否か、また武力行使の「必要最小限度」は、ともに政府によって認定・判断され国会に諮られる点だ。政権与党絶対多数の国会なら素通りである。いわば政府への白紙委任であって、国民の見えない所で戦争の開始が実質的に決定できる仕組みである。

しかも、南スーダンPKOにおいて激しい戦闘に直面した事実が派遣部隊の日報に記載されながら防衛省内で事実上隠蔽され、また財務省では決裁文書が改ざんされ、厚労省は不正に満ちた統計データを公表していたことも明らかになった。ここまで劣化した政府に戦争開始の判断を全権委任する法律を成立させてしまった。これが「平成」における平和主義変質の現実である。

それにしても、わずか数年前にあれだけ議論になった安保法問題も、今や忘却されたかのように映る。私たちは歴史を軽視しすぎている。それは自分自身が歴史をつくる主体だという意識の欠如の表れである。ここで日本史の年表を思い出してほしい。日本の歴史は内戦と対外戦争をともに停止した長期平和を二度も実現した業績を持つのである。

一度目は世界史的にもまれな江戸時代二〇〇年間以上の平和状態、「天下泰平」である。近年の研究で、江戸時代の大名が戦国時代と同様に独自の軍隊を維持していたこと、そして豊臣秀吉の刀狩令にもかかわらず、民衆が一般的に刀・鉄炮等の武器を所有し続けていた事実が、あらためて注目されている。つまり、武装解除されていない民衆の村が約六万、完全軍備の大名家が約三〇〇、列島上にひしめき合っていたにもかかわらず、内戦の長期凍結が実現されたのだ。また、一般に「鎖国」と呼ばれる江戸幕府の対外政策にも、対外非戦の長期実現との関係で再評価されるべき面がある。

このように「天下泰平」は、民衆から大名そして将軍までが、自らの武力の発動を長期抑制することによって維持されたのだった。

二度目は、二〇世紀後半から積み上げてきた平和国家としての実績である。それが今、対米従属の異常な強化によって変質しているのである。

例えば欧州の若者たちが革命の歴史を誇らしげに語るように、二度の長期平和の歴史を自らのアイデンティティーとして世界で堂々と語り、その歴史を再構築する意思を持った多くの若者を育てたい。二度目の平和はやっと七〇余年。二〇〇年の実績には、まだまだ遠いのだから。

想像力をスイッチ オン

二〇一四年一一月、与党絶対多数の衆議院が、任期を二年も残しながら安倍晋三首相によって解散させられ、師走の総選挙となった。これって何のために、何を選択する選挙なんだろう。

私たち自身が、「想像力」のスイッチを入れながら生きる態度を示すのか、それともスイッチをオフにして、「眼前の利益を優先する国民です」と世界に示すのか。今回の選挙はその選択だと思う。

不世出のバンドマンで、政治的なメッセージを歌にすることもいとわなかった忌野清志郎。二〇〇九年にこの世を去った彼の歌が、いまあらためて注目を集めているらしい。

起きろよ baby 窓を開けてみろよ／日照りが続く枯れた大地だ／―君が開けた窓の外には飢えた子ども達がさまよってる―／無能な政治家テレビでまた笑う／呆れるくらい人々は脳天気だ（『目覚まし時計は歌う』）

清志郎の「起きて窓を開けろ」というシャウトが、「想像力のスイッチをオンにしようぜ！」と聴き手に迫る。歴史家である私に迫る。歴史家には、残された一片の古文書を手掛かりに過去へと接近するための想像力が求められる。それは、直接見ることができない世界への想像力、未来への想像力でもある。しかしこの力は、日常に埋没した自己喪失の状態（清志郎いわく「脳天気」）では働かない。

安倍政権の極端な金融緩和は円安を誘導し、増税ともあいまって、中小企業と地方社会はもろに不利益をこうむっている。地方の労働条件の劣悪さは、若者の未来を食いつぶしている。このまま一〇年たった熊本の姿を想像してみよう。君はじっとしていられるかい？

憲法解釈が国民の合意を得ることもなく、閣議決定で変更された。立憲主義の確立のために、長い歴史の過程で払われた先人たちの厖大な努力と犠牲の集積を想像してみれば、君も閣議決定の〝軽さ〟に耐えられなくなるはずだ。関係情報を「特定機密」として隠しながら米国とともに軍事行動する、そのおかげでいい思いをするのは、いったいどこの誰なんだろう。一方で、君の家族や友人が見知らぬ国で弾に当たり、あるいは罪なき人々の生命を奪ってしまうかもしれない。そんな未来が想像できるかい？　熊本にいる私たちの多くは、福島の状況を直接見ることはできない。しかし、情報を手に入れ、想像することはできる。この「地震列島」の海岸部に五四基もの原発が並んでいる事実の意味を、この状況が未来の日本社会に押し付けるリスクの大きさを、そして、歴史的な岐路に立っている私たちの未来への責任を、想像してみよう。

「想像力」をオンにして、それに寄り添いながら生きるのは、キツイ。でも、歴史はそういう態度で生きた名もなき多くの人々によって、じつに長い時間をかけて、民主主義の方向に動かされてきたのさ。君もそんな人々の一人になれるはず。

師走の選挙。告示早々に「自民党三〇〇議席超え」なんて見出しが各紙一面に躍った。しらけムードの中での投票率低下が危惧される。政治に無関心な国民の姿を世界にさらすべきじゃない。

「無党派層」という言い方が、日本の有権者のあり方に間違ったイメージを付与している。じつは利益団体の言いなりにならず、自由な意思で投票できる人々のことさ。そこの君も！

あの曲で清志郎は、こんなふうにも歌っていた。

起きろよbaby今日はいい天気だ／選挙に行って投票しようぜ／―何もしないより退屈しないぜ

「想像力」のスイッチをオンにしていれば、キツイけど、退屈はしない。この選挙が君の「想像力」にとってのチャンスとならんことを祈る。

地域社会変貌の意味

まるで時が止まり、眠っているかのような商店街。一方で、バイパス沿いのショッピングモールには、毎週のように車が列をなす。

一九七三年制定の「大店法」は、消費者と中小小売業者の利害を調整するため大型店の出店を規制した法律であったが、一九九一年に緩和され、二〇〇〇年には廃止となり、出店規制は完全に撤廃されるにいたる。その契機は米国からの「外圧」であり、小売大資本からの規制撤廃要求であった。「多くの商品を少しでも安く消費者に」と

熊本藩の五ヶ町・准町・在町

（森田誠一『近世における在町の展開と藩政』による）

※（　）内は江戸時代中後期の戸数

五ヶ町	熊本(3048)、川尻(690)、高橋(195)、八代(685)、高瀬(550)	
准町	宇土(345)、佐敷(120)、豊後鶴崎(259)	
在町	飽田郡	小島(90)、鹿子木(33)
	詫摩郡	宝町(未詳)
	上益城郡	岩下(38)、浜町(125)、御船(66)、木山(65)、馬見原(48)
	下益城郡	小川(120)、隈庄(135)、松橋(115)、砥用原町(79)、堅志田(30)
	八代郡	鏡(57)、宮原(42)、吉本(55)
	芦北郡	日奈久(160)、水俣(128)、浜村(不明)、陳(60)、田浦(52)
	玉名郡	関(120)、肥猪(27)、長洲(295)、大島(42)、大浜(285)、唐人町(不詳)
	山鹿郡	湯町(230)、新町(249)
	山本郡	味取新町(150)
	菊池郡	隈府(52)
	合志郡	大津(163)、新町(不詳)、竹迫(110)
	阿蘇郡	吉田新町(26)、高森(38)、内牧(140)、宮地(35)、坂梨(50)、宮原(48)
	豊後三郡	白丹(17)、久住(83)、野津原(72)、佐賀関(120)

いう謳《うた》い文句のもと、大型店のオーナー企業は地域住民の消費支出を独占的に吸収し、かつ尨大な非正規労働に依存して巨大化し、多国籍企業化を遂げた。当然、地元商店街は急速に空洞化した。この三〇年間で、地域社会はかつてない変貌を経験したのだ。その意味を知るには、江戸時代にまで遡らねばならない。

表は、熊本藩の領内に存在した町の一覧である。城下町と年貢米積出港である「五ヶ町」、それに次ぐ「准町」、そして各郡における物資交易の場として多くの「在町」があった。これらはいずれも、この三〇年の間にシャッター街化した商店街のルーツである。戦国時代の記録に見られる町も少なくない。

地域住民にとって特に重要だったのは在町だ。その多くは、山間・平野・海浜部を結ぶ古くからの往還上に形成され、周辺地域の産物の集約、商業交易の核として繁盛した。商人だけでなく、大工・造酒・染物をはじめ、多くの職人たちもおり、月に三回の市が立ち、近隣住民は二つの在町で月に六度は市を利用できた。山村の住民が海の産物を、海辺の住民が山の産物を、市で手に入れることができた。熊本藩領のみならず、多くの地方の伝統的経済はこうした在町、つまり田舎町を核にして維持されてきたのである。

一九世紀末から資本主義化が進展しても、地域住民の交換・消費の場はかつての在町であった。四〇歳代以上の方々なら、子どものころ商店街にお遣いに出た経験があるだろう。そこに集う人々は、お互いがどこの誰かを知っていた。大人たちは世間をにぎやかに論じ、子どもたちにも話を向けた。そうして子どもたちは社会への入口に立っていることを実感した。交換・消費の場とは本来、社会関係を媒介にして成り立ち、人を社会的存在へと育む機能を果たすものであった。そうした意味で、在町＝商店街は地域社会を回すエンジンであった。

三〇年間の規制緩和政策は、四〇〇〇年の歴史を持つこのエンジンを停止させた。かわりに私たちは世間の息苦しさから解放され、快適さを謳歌できるはずだったが、そうはならなかった。商店街を潰して多国籍企業が利益と労働力を吸い上げ続ければ地域経済は衰退し、地域の祭りもできなくなり、隣の家が何をしているかも分からなくなる。大人も子どもも生身のまま競争と自己責任の無限ループに投げ出されることになったのだ。私たちが抱く将来への不安感の根本要因は、ここにある。

いま地元企業に求められるのは、地域社会を社会たらしめる共有資本の再生に向けた、創意工夫に満ちた活動であると私は思う。これまでの蓄積の上に立ち、街づくり・地域づくりに努力を惜しまない人々や団体から、その地域の個性＝歴史を学ぶことが、出発点となるに違いない。

稲葉継陽（いなば・つぐはる）

1967年（昭和42）栃木県生まれ。1996年（平成８）、立教大学大学院文学研究科博士課程退学。博士（文学）。2000年、熊本大学文学部助教授。2009年から熊本大学永青文庫研究センター教授。著書に『戦国時代の荘園制と村落』（校倉書房、1998年）、『日本近世社会形成史論 戦国時代論の射程』（同、2009年）、『細川忠利 ポスト戦国世代の国づくり』（吉川弘文館、2018年）などがある。2016年４月から熊本被災史料レスキューネットワーク代表をつとめる。

歴史にいまを読む—熊本・永青文庫からの発信—

令和２年（2020）３月16日　第一刷発行
令和２年（2020）７月　３日　第二刷発行

著　者　稲葉継陽

発　行　熊本日日新聞社

制　作　熊日出版（熊日サービス開発株式会社出版部）

発　売　〒860-0823　熊本市中央区世安町172
電話 096（361）3274

装　丁　青井美迪

印　刷　シモダ印刷株式会社

ISBN978-4-87755-601-3　C0295